Über-Leben in der Patchworkfamilie

Wolfgang Krüger
Katharina Münzer

Über-Leben
in der
Patchworkfamilie

© 2. Auflage 2021
Wolfgang Krüger, Katharina Münzer
Umschlaggestaltung: Bärbel Rothhaar, Berlin
Herstellung und Verlag:
BoD – Books on Demand, Norderstedt
ISBN: 978-3-7412-9112-8

Inhaltsverzeichnis

Vorwort von Jesper Juul	7
Vom Beziehungskrieg zur Freundschaft	9
Der Aufstand: Die erste Patchworkphase	19
Die Annäherung: Die zweite Patchworkphase	55
Unruhige Entspannung: Die dritte Patchworkphase	65
Ablösung: Die vierte Patchworkphase	83
Rückblick und Analyse	97
Der neue Partner in der Patchworkfamilie	111
Literaturverzeichnis	141
Wo finden Sie Hilfe?	148

Vorwort

Als ich dieses Buch las, musste ich die ganze Zeit lächeln. Mir gefällt alles daran: Die Sprache, mit der die Autoren die Schwierigkeiten in der Patchworkfamilie beschreiben, die Reflexionen über sich selbst und alles, was zwischen den Zeilen steht. Ich zweifle nicht daran, dass die Stieftochter Katharina in ihrer klaren, unkomplizierten und klugen Art die Vorgaben für diese Beziehung gesetzt hat. Sie und ihre biologischen Eltern verdienen dafür eine große Anerkennung. Der Stiefvater Wolfgang wiederum hat durch seinen geschickten Beziehungsstil potentielle Kriege in sinnvolle und tiefgründige Auseinandersetzungen verwandelt, die später zu Oasen einer ruhigen Entwicklung führten.

Schon bevor die 9-jährige Katharina den neuen Partner ihrer Mutter kennenlernte, hatte sie erhebliche Vorbehalte, während dieser der Beziehung offen und optimistisch gegenüber stand. Glücklicherweise verfolgte er nicht die Absicht, eine bedeutende Rolle im Leben von Katharina zu spielen. Das war bestimmt nicht der schlechteste Ansatz für den Beginn ihrer Beziehung. Viele Erwachsene haben in der gleichen Lebenssituation sehr überhöhte Ansprüche. Sie sind dann enttäuscht und erleben ständig Niederlagen. Aber auch die Kinder sind verwundbar, weil sie so sehr auf die Anerkennung der Erwachsenen fixiert sind.

Der Leser lernt in diesem Buch zunächst einen Mann kennen, der glücklich ist, weil er eine Frau gefunden hat, die er liebt. Dann erfährt der Leser von einem Kind, das unerwartet auf einen Fremden trifft, mit dem es plötzlich seine Mutter teilen muss. Die Tochter hat das Gefühl, dass damit sehr viel von ihrer Beziehung zur Mutter verloren geht. Allerdings ist das Mädchen zu selbstbewusst und aktiv, um nur eifersüchtig zu reagieren. Vielmehr entwickelt sie ihre eigene Strategie, damit keine Familienbeziehung zu dem Partner der Mutter entstehen kann. Zum Glück versteht dieser ihre Ablehnung und versucht taktvoll und respektvoll die wenigen Chancen geduldig für sich zu nutzen.

Die Schilderung von Wolfgang Krüger und Katharina Münzer kann ein Vorbild für viele Stiefeltern sein. Auch wenn Wolfgang Krüger den Begriff Bonusvater/Bonustochter bewusst nicht wählt, wird deutlich, wie sich eine Beziehungsgestaltung bereichernd für beide Seiten auswirken kann. Ich empfehle das Buch allen Männern und Frauen, die Stiefeltern werden oder bereits schmerzliche Erfahrungen als Stiefeltern gesammelt haben.

Oft verstehen Stiefeltern, dass sie die Beziehung zu Stiefkindern langsam aufbauen und Respekt für ihre Grenzen aufbringen müssen. Doch leider haben viele Stiefeltern zu wenig Geduld und setzen sich beim Aufbau der Patchworkfamilie zu sehr unter Druck. Dabei müssen sie erleben, dass ihre positive Einstellung und gut gemeinten Bemühungen missverstanden und abgelehnt werden. Die Stiefeltern sind blockiert, weil sie zwar die Verpflichtung spüren, den Kindern gegenüber offen zu sein, aber dann doch die Erfahrung machen, an ihren eigenen Grenzen zu scheitern.

Somit ist das Buch auch ein Ratgeber und eine Inspiration für Familientherapeuten und alle, die Kindern und Erwachsenen professionell helfen wollen.

Jesper Juul

> Es ist eine wahre Aufopferung,
> die man als Stiefvater auf sich nimmt.
> *Ein Stiefvater*
>
> Der Neue war ein Schock für mich.
> *Eine Stieftochter*

Vom Beziehungskrieg zur Freundschaft

Vor über 20 Jahren erlebte ich die heftigsten Konflikte meines Lebens, nachdem ich mich in eine Frau verliebt hatte, die sich intensiv um ihre Tochter kümmerte. Jahrelang war mein Zusammenleben mit der jungen Katharina von täglichen Streitigkeiten geprägt. Erst nach über drei Jahren entspannte sich unsere Beziehung, die sich dann immer mehr zu einer Freundschaft entwickelte. Inzwischen verstehen wir uns so gut, dass wir uns entschlossen haben, unsere Aufzeichnungen zu veröffentlichen, die ein tiefes Verständnis für die typischen Dramen einer Patchworkfamilie ermöglichen. Sehr persönlich beschreibt die zunächst neunjährige Katharina ihre Ängste und Machtstrategien, um mich zu vertreiben. Indem sie die gleichen Situationen wie ich aus ihrer Sicht schildert, ist die erste Langzeitstudie einer Patchworkfamilie entstanden, die einen ungewöhnlichen Einblick in die Konflikte, aber auch das Gelingen einer Patchworkbeziehung gibt.

Ein solcher Einblick ist wichtig, um die Konflikte einer Patchworkfamilie zu begreifen und zu lösen. Doch Kinder verstecken meist ihre Ängste, sie teilen uns auch nicht mit, mit welchen Strategien und Gemeinheiten sie die Stiefeltern wegärgern wollen. Aber diese Ängste und Strategien muss ein Zweit-Vater bzw. eine Zweit-Mutter verstehen, um Situationen immer wieder zu entschärfen. Dann ist nach einigen Jahren eine entspannte Beziehung zwischen ihnen möglich.

Diese Erkenntnisse waren mir als Psychotherapeut zwar schon immer bewusst. Doch grau ist alle Theorie, wichtig sei immer die Reflexion der eigenen Erfahrung – meinte schon Goethe. Entscheidend war für mich daher, dass ich die Konflikte und Krisen in einer solchen Familie selbst erlebte. Nun wurde ich wirklich zum Experten. Deshalb ist unsere persönliche Langzeitschilderung die Basis unserer Untersuchung. Ergänzt wird sie dann aber durch eine fundierte Analyse der Patchworkfamilien. Dort zeigen wir auf, welche Schwierigkeiten zu bewältigen sind und vermitteln ausführlich die zwölf grundlegenden Hinweise, die zu einer guten Beziehung zwischen Stiefkind und Stiefeltern beitragen können.

Aber welche dramatischen Konflikte und welche bedeutenden Phasen dabei zu bewältigen sind, zeigen zunächst sehr eindrücklich unsere persönlichen Schilderungen.

Wolfgang K.: Das Drama meines Lebens

An einem schwülen Sommertag ging ich zu einem Vortrag. Den Inhalt habe ich längst vergessen. Wichtig war nur: Neben mir saß Susanne, eine hübsche junge Frau, mit der ich mich lange unterhielt. Ich empfand sie als sehr attraktiv und lud sie zum Essen ein. Sie hatte mir eher beiläufig von ihrer Tochter erzählt und ich war begeistert. Ich ging davon aus, dass eine Mutter mit Kind über viel Sozialkompetenz verfügt. Das war doch fast eine Garantie für eine glückliche Partnerschaft. Ich träumte also von ruhigen Zeiten, von einer Beziehung, in der ich meine seelische Heimat finden würde. Ich träumte von harmonischer Zweisamkeit, interessanten Reisen, dem beständigen Glück.

Doch ich hatte mich gründlich geirrt. In Wirklichkeit begann nun, mit 48 Jahren, das Drama meines Lebens. Denn die neunjährige Tochter von Susanne fand es nicht komisch, dass sich eine Partnerschaft mit ihrer Mutter anbahnte. Jahrelang tobte bald eine Schlacht, die von Machtkämpfen und kleinen und großen Bosheiten geprägt war. Aber davon ahnte ich zunächst noch nichts. Völlig naiv ging ich eine Beziehung ein, in der ich zunehmend die Angriffe der Tochter abwehren musste – bis es eine überraschende Wendung gab.

Katharina M.: Die beunruhigende Neuigkeit

Für mich begann nach der Scheidung meiner Eltern die gemeinsame Zeit mit meiner Mama. Ich war das einzige Kind meiner Eltern und sollte bei ihr aufwachsen. Zumindest war es so vorgesehen. Wir zogen in eine neue Wohnung und ich kam an eine andere Schule. Ich durchlebte viele Veränderungen in einem zunächst unbekannten Umfeld und fühlte mich nun nach der Anpassungsphase in Sicherheit. Doch es entwickelte sich alles ganz anders als gedacht.

An dem Tag, als mir ein neues Kleid versprochen wurde, sollte mein Leben noch einmal eine völlig neue Richtung bekommen. Meine Mama schlug eine Shoppingtour vor und nachdem ich mir ein tolles Kleid aussuchen durfte, gingen wir Nudeln beim Italiener essen. Auf dem Heimweg fing meine Mama plötzlich an rumzudrucksen. „Also, ich muss dir etwas sagen", kam es aus ihr heraus. „Also, naja, also, da, also ich habe da jemanden kennengelernt." Mir stockte der Atem. Was, sie hatte jemanden kennengelernt? Sollte ich meine Mama mit jemand Neuem teilen? Also, das ginge ja nun wirklich nicht, dachte ich mir. So hatte ich mir das nicht vorgestellt. Zuerst musste ich die Scheidung meiner Eltern verdauen, und nun sollte ich mich mit noch mehr

Schwierigkeiten konfrontiert sehen? Ich hatte mich doch gerade erst an mein neues Leben gewöhnt.

Wir schwiegen uns einen Moment an, bis ich trotzdem mehr über diesen Störenfried wissen wollte. „Was macht er denn und wie heißt er?", fragte ich meine Mama. „Wolfgang heißt er und er ist Therapeut", antwortete meine Mama. Der Name Wolfgang klang in meinen Ohren irgendwie alt. Also musste ich unbedingt wissen, wie alt Wolfgang denn sei. „Mama, und wie alt ist der?", fragte ich sie. Meine Mama sagte, so genau wisse sie das gar nicht. Ich fragte mich, wieso sie das nicht so genau wisse, schließlich erkundigt man sich doch immer nach dem Alter. Ich war irritiert und mir wurde ganz mulmig. Ich wollte keine Veränderungen und keinen neuen Partner für meine Mama!

Wolfgang: Meine Tochter will wissen…

Ich hatte Susanne in mein Lieblingsrestaurant eingeladen, ein schöner Sommerabend ging zur Neige, wir ließen uns die indischen Gerichte schmecken und tranken Berliner Weiße. Die Stimmung war wunderschön und sehr entspannt, bis Susanne fragte: „Meine Tochter will wissen, wie alt du bist." Das kann ja heiter werden, dachte ich. Offenbar hatten Mutter und Tochter bereits miteinander gesprochen. Ich wusste das Alter von Susanne nicht, aber mir war klar, dass ich mindestens 15 Jahre älter war. Und ich ahnte, dass diese Tochter ein sehr aufgewecktes Geschöpf sein musste. Wahrscheinlich hatte sie in dieser Familie einen ziemlichen Einfluss. Mein Magen zog sich zusammen. Doch mein unbehagliches Gefühl schob ich bald beiseite. Susanne gefiel mir und mit Kindern war ich immer gut zurechtgekommen. In einer befreundeten Familie kümmerte ich mich regelmäßig um die Kinder. Wenn ich dort mit ihnen auf dem Sofa saß und Geschichten vorlas, war es mucksmäuschenstill.

Susanne war sehr liebenswürdig und so ähnlich stellte ich mir ihre Tochter vor. Vielleicht war sie ein wenig selbstbewusster, aber auf jeden Fall sehr nett. Irgendwann hatte ich dann zufällig Katharina am Telefon, als ich ihre Mutter anrufen wollte. Sie war höflich und neugierig, gleichzeitig jedoch etwas reserviert – schließlich kannten wir uns nicht.

Katharina: So alt wie mein Opa

Ich wusste, dass meine Mutter mit diesem Typen essen war und fragte sie am nächsten Morgen nur: „Wie alt?" Dann sagte sie mir, er sei fast 50. Ich rechnete nach, er war also mindestens 16 Jahre älter als meine Mutter. 16 Jahre!!! Ach, du grünes Ei, dachte ich mir. Der ist ja fast so alt wie mein Opa. Ich rechnete nach. Er könnte also theoretisch auch mein Opa sein. Das gibt es doch nicht. So ein alter Sack. Ich fragte mich, was meine Mama mit einem Opa will. Und was würde eigentlich mein richtiger Opa dazu sagen? Schließlich war der Papa meiner Mama erst Ende 50. Die waren also fast gleich alt. Mein richtiger Papa war noch 38 und so sollte es auch sein, fand ich. Papas haben ein bestimmtes Alter zu haben und nicht anders. Es gibt bestimmte Regeln in einer Welt, Regeln, die mir bisher so vorgelebt wurden. Außerdem fragte ich mich, wie der Vater meiner Mama, also mein Opa dies alles kommentieren würde.

Und dann kam der Typ auch noch aus dem Westen. Ich war im Osten aufgewachsen, genauer gesagt: In Ost-Berlin. Bei meiner Geburt stand die Mauer noch. In meiner Familie hieß es ständig: Wir sind aus dem Osten. Und die Westler: Die waren immer so eingebildet und arrogant. Sie dachten nur an sich und das Geld.

Das ist ja toll – dachte ich. Er ist ein Wessi und dann auch noch so alt wie mein Opa. Ich fand, dass das mit Mama und Wolfgang nicht gut gehen könnte und dass Wolfgang als neuer Partner meiner Mama nicht in Frage kam. Ich sagte allerdings nichts zu ihr, schließlich wollte ich sie nicht verärgern. Zudem wollte meine Mama nach einiger Zeit das Gespräch aufhellen. Ganz freudig meinte sie zu mir, dass ich den Wolfgang bald kennenlernen würde. Irgendwie interessierte mich das eigentlich nicht, denn ich fand, dass ihre Partnerschaft mit Wolfgang sowieso nicht funktionieren könnte.

Ich fragte mich, wer alles bereits etwas über Wolfgang erfahren hatte. Ob mein Opa vielleicht doch schon davon wüsste? Insgeheim hoffte ich, dass Opa das nicht erlauben würde und der Mama sagen würde, dass das mit Wolfgang nicht geht. Ich stellte mir Wolfgang im Kopf vor – ein Mann mit grauen Haaren, großer Brille und vielen Falten. So musste wohl dieser Wolfgang aussehen. Alt und verschrumpelt, so wie ein Opa aussieht.

Nun schwirrte mir aber noch eine andere Frage durch den Sinn. Werde ich noch ein Geschwisterchen bekommen, spukte es in meinem Kopf umher. „Hat dieser Wolfgang denn Kinder?", fragte ich meine Mama. „Nein, hat er nicht", meinte meine Mama. Puh - dachte ich sofort, das ist schon mal geklärt und fragte weiter: „Willst du noch Kinder bekommen?" „Nein" – sagte lachend meine Mutter. Da war ich doch sehr erleichtert. Wenigstens etwas, dachte ich mir. Wolfgang hatte damit einen Pluspunkt bekommen. Obwohl jemand in der Familie zum Spielen vielleicht auch nicht schlecht gewesen wäre, aber dann müsste ich meine Mama teilen und das ginge nicht.

Mama fuhr weiter fort. „Und Wolfgang kann richtig gut kochen." Das werden wir ja sehen, dachte ich mir. „Und Wolfgang ist ein begeisterter Fahrradfahrer", hieß es weiter. „Aha", dachte ich mir. Fahrradfahren? Darauf habe ich eigentlich keine Lust.

„Wohnt der Wolfgang dann auch bei uns?", wollte ich noch wissen. „Nein, Katharina. Wir wohnen erst einmal getrennt, der Wolfgang hat eine eigene Wohnung, er wird ab und zu zu uns kommen", meinte meine Mama. Sehr gut, dachte ich mir. Obwohl - was heißt hier eigentlich ab und zu? Das müssen wir noch klären, aber meine Mama macht das schon einmal gut, dass der Wolfgang nicht bei uns wohnt.

Meine Mama versuchte mir weiter zu versichern, dass dieser Wolfgang wirklich ein ganz toller Partner sei und sogar schon ein kleines Geschenk für mich hätte. Mich interessierte das nicht, denn ich wollte vor allem eines nicht: Meine Mama mit jemandem teilen.

Wolfgang: Die erste Begegnung

Als ich Susanne drei Wochen kannte, machte sie mir einen Vorschlag: „Ich würde gern ein Treffen arrangieren, damit du meine Tochter kennen lernst." Toll – dachte ich. Mit fremden Kindern hatte ich nie Schwierigkeiten. Ich hatte mir zwar nie vorstellen können, eigene Kinder zu bekommen. Meine Mutter war extrem schwierig, ich wuchs teilweise bei meiner Großmutter auf. Jedenfalls waren meine Familienerfahrungen ziemlich belastet und zudem wären eigene Kinder eine Bedrohung für meinen ausgeprägten Wunsch nach Autonomie gewesen. Doch gleichzeitig kümmerte ich mich überall um die Kinder meiner Freunde und übernahm sogar feste Patenschaften. Ich machte mit ihnen Schularbeiten, traf mich regelmäßig mit ihnen, ich las ihnen Gute-Nacht-Geschichten vor, ich war der liebe Onkel, der immer für sie Zeit hatte.

Oft fand ich den Kontakt mit den phantasievollen Kindern interessanter als den mit Erwachsenen. Ich blickte also dem Kennenlernen sorglos entgegen und fragte Susanne vorher, was ich ihrer Tochter mitbringen könnte. Sie erzählte mir von Katharinas Lieblingsbüchern und deshalb kaufte ich einen Roman über die Freundschaft zwischen zwei Mädchen. Voller Erwartungen ging ich zu unserer ersten Begegnung und wusste: Katharina wird mich mögen.

Susanne hatte ein Treffen in einem kleinen Café arrangiert und dort sah ich schließlich das sehr aufgeweckte junge Mädchen, das mich neugierig und mit skeptischem Blick musterte. Es war ein hübsches Mädchen, das überhaupt nicht schüchtern wirkte, eher etwas altklug und ziemlich durchsetzungsfähig. Sie war erst neun Jahre alt – also am Beginn der Pubertät.

Nach dem ersten Kontakt war ich beruhigt. Das wird schon, dachte ich mir. Katharina war zwar nicht gerade überschwänglich liebenswürdig, aber sie war auch nicht ablehnend. Deshalb war ich völlig davon überzeugt, dass ich mich mit ihr gut verstehen würde. Nach einigen Wochen, spätestens nach ein bis zwei Monaten würde es vertraute Gespräche und intensive Diskussionen geben. Ich dachte nicht im Traum daran, dass Schwierigkeiten auftreten könnten. Dass ich Susanne mit der Tochter teilen müsste, schien mir unproblematisch. Ich war nicht eifersüchtig und ging optimistisch davon aus, dass Katharina eine Bereicherung meines Lebens werden würde.

Katharina: Treffen an neutralem Ort

Heute sollte ich also endlich Wolfgang kennenlernen. Mir war schon ganz bange. Ich erwartete einen alten Mann mit grauen Haaren und einer großen, dicken Brille. Meine Mama hatte sich dazu entschlossen, dass unser erstes Treffen an einem neutralen Ort in einem Café stattfinden würde. Sie konnte meine Anspannung fühlen und sagte: „Katharina, mach dir keine Sorgen, Wolfgang ist sehr nett und tut mir gut, und du wirst ihn sicher auch gut leiden können." Ich wollte ihr nicht so richtig glauben.

Dann ging die Tür vom Café auf und ein mittelalt aussehender Mann trat ein. Wolfgang trug eine Brille, aber sie war halbwegs akzeptabel. Ja, er hatte Falten, doch er sah nicht so alt aus wie ich dachte. Er war viel größer, als ich ihn mir vorgestellt hatte. Er begrüßte meine Mama mit einem Küsschen auf die Wange und kam auf mich zu. „Hallo Katharina, schön, dich kennenzulernen." Meinte er das im Ernst? Er hatte eine wirklich tiefe Stimme, doch sie klang trotzdem nett.

Ich murmelte: „Hallo, ja, nun lernen wir uns kennen." Wir setzten uns und bestellten Tee und Kaffee. Wolfgang begann, mir einige Fragen zu stellen. „Wie alt bist du Katharina und in welche Klasse gehst du?", wollte er wissen. Als wenn er das nicht wüsste, dachte ich mir. „Ich bin fast zehn und gehe in die vierte Klasse", teilte ich ihm mit. „Ach schön, ich bin in der Mark Brandenburg aufgewachsen, aber ich ging in Berlin zur Schule … damals haben wir immer …" Oh nein, dachte ich. Nun fängt er mit Geschichten von früher an, das kann ja heiter werden.

Zum Glück wechselte er nach zwei Minuten das Thema, um sich auf die Zukunft zu konzentrieren. „So, nun werden wir uns öfter sehen und werden auch mal eine Fahrradtour zusammen machen." Oh nein, dachte ich mir wieder. Ich muss ihn jetzt wirklich öfter sehen, dabei will ich das doch gar nicht. Wolfgang war nicht unfreundlich, aber ich hatte einfach kein Interesse daran, ihn weiter kennen zu lernen und mit ihm meine Mama teilen zu müssen. Ich wollte ihn nicht in meinem Leben. Als Bekannter meiner Mama ja, aber nicht als Stiefvater. Nicht jemand, mit dem ich mehr Zeit verbringen müsste.

Ich entschloss mich dazu, dass Wolfgang zwar der Partner meiner Mama sein konnte, aber ich ja nicht so freundlich zu ihm sein müsste wie meine Mama. Wolfgang sollte nicht mein Partner werden. Wir verabschiedeten uns nach einer Stunde und ich durfte mit meiner Mama an der Hand nach Hause gehen. Meine Mama sagte bestimmend: „Mensch, das war doch ein schönes Treffen. Ihr habt euch doch gut verstanden!"

Normalerweise redet meine Mama nicht so bestimmend mit mir. Ich entgegnete ihr, dass ich sie lieber für mich alleine hätte und sie Wolfgang gar nicht bräuchte, weil sie doch mich habe. Meine Mama schmunzelte nur leise und sagte, dass ich sie auch habe, Wolfgang sei sozusagen nur zur Unterstützung da. Er sei nicht dazu da, um mich zu verdrängen. Ich sei die Nummer eins. Gut, dachte ich mir, dann sollte das aber auch dieser Wolfgang wissen. Irgendwie war ich mit Mamas Aussage beruhigter.

> Es ist total schwierig,
> wenn die Kinder in der Pubertät sind.
> *Ein Stiefvater*

> Wenn ich das
> vorher gewusst hätte.
> *Eine Stiefmutter*

Die erste Patchworkphase: Der Aufstand

Katharina ist 9, später 10 Jahre alt. Sie ist eine gute Schülerin in einer Grundschule und bereitet sich darauf vor, auf das Gymnasium zu gehen.

Wolfgang: Offene Opposition

Inzwischen waren sechs Wochen vergangen, ich war bereits im Besitz der Schlüssel und wartete auf Mutter und Tochter in ihrer Wohnung. Sie waren auf der Suche nach einem neuen Schrank. Ich schaute währenddessen fern und als die beiden reinkamen, schaltete ich den Fernseher aus. Mir war nicht klar, dass ich damit auch die Aufnahmefunktion ausschaltete, sodass Katharina eine wichtige Sendung verpasste. Entsprechend patzig war die Begrüßung. „Wer hat den Fernseher ausgemacht?", fragte mich Katharina und schaute mich frech an. „Ich nicht", antwortete ich reflexartig. Schon bei meiner Mutter ging ich spontan in eine Abwehrhaltung, wenn sie mich fragte, ob ich an der Marmelade genascht oder den Kanten des Brotes abgebissen hätte.

Das war der Beginn unserer fast täglichen Konflikte, denn Katharina ging bald in eine sehr offene Opposition mir gegenüber. Trotzdem ergab es sich zwangsläufig, dass ich mich immer häufiger in der Wohnung aufhielt. Ich lebte zwar in einer großen

Altbau-Wohnung, aber Susanne war selten bei mir, weil sie sich um Katharina kümmern musste. Aus meinen gelegentlichen Besuchen wurde daher bald ein Daueraufenthalt. Ich zog dort zwar nicht ein und hatte nur eine Reisetasche deponiert. Und manchmal schlief ich auch bei mir. Deshalb blieb meine Wohnung wichtig für mich, aber Susanne und Katharina wurden zu meiner täglichen Heimat.

Für mich war dies ein ganz ungewohntes Erlebnis. Bisher hatte ich immer Mi-Sa-So-Beziehungen. (Wir trafen uns also am Mittwoch, Samstag und Sonntag). Doch hier wurde ich zum Familienmitglied. Und dieses Familienmodell war für mich so faszinierend, dass alles andere zurücktrat: Ich schrieb weniger Bücher, war zufriedener, schlief besser und war glücklicher. Ich hatte meine Familienwelt gefunden und dazu gehörte auch Katharina. Zuversichtlich ging ich davon aus, dass sich ihr Verhalten bald ändern würde.

Doch Katharina fand diese Entwicklung überhaupt nicht komisch und unsere Beziehung wurde eher schwieriger. Nach sieben Wochen sagte sie mir recht unverblümt: „Nimm es nicht persönlich, aber ich finde, du störst." Sie drückte sich immer sehr klar aus und meinte häufiger: „Hier ist einer zu viel und das bist du." Die Tochter fand es vor allem unmöglich, dass ich nun bei allen Anschaffungen mitentscheiden sollte. Die Bilder an der Wand, die Stühle am Esstisch und die Lampen suchten meine Partnerin und ich zusammen aus. Katharina fühlte sich entmachtet und dementsprechend kühl war ihr Umgangston.

Katharina: Wie der Tag für den Ziehvater versüßt werden kann

Ich fand es merkwürdig, dass Wolfgang immer häufiger da war. Er hatte doch eine eigene, große Wohnung. Und vor allem: Er dachte, er sei gleichberechtigt und könnte hier auch bestimmen. Das war ein Irrtum und ich hatte einen Plan, um ihn wegzuekeln. Das war ganz einfach.

Mein 7-Punkte-Plan gegen Wolfgang

- Besitze die Fernbedienung und technische Geräte, die nur einmal im Haushalt vorhanden sind und gib sie nicht heraus, wenn du darum gebeten wirst.
- Blockiere stets das Bad am Morgen.
- Zeige ihm immer, wie peinlich er ist.
- Sprich über die tolle Zeit, als es ihn noch nicht gab und man noch eine richtige Familie mit den leiblichen Eltern war.
- Lobe ihn niemals.
- Gib nur deinen richtigen Familienmitgliedern herzliche Umarmungen.
- Gib nicht nach, du bist die Nummer EINS im Haus.

Wolfgang: Der Familienausflug

Katharina konnte ein kleines Ekel sein. Häufig hatte ich den Eindruck, dass ihr ein ganzes Arsenal an Gemeinheiten zur Verfügung stand. Aber ich wollte nicht ungerecht sein. Manchmal schaute sie mich auch sehr nett an oder war ich einfach naiv? Jedenfalls war ich mit fast 50 Jahren endlich bereit, mich um ein Kind zu kümmern. Meine Bücher verkauften sich gut, ich hielt Vorträge und trat im Fernsehen auf. Ich hatte meine Rolle im Leben gefunden, war ruhiger geworden und wollte mich nun in dieser Familie engagieren. Ich machte also immer das Frühstück und kochte jeden Tag und hatte das Gefühl: Wir sind eine Familie. Und zu einer Familie gehören auch gemeinsame Ausflüge.

Also fuhren wir – Susanne, Katharina, ihre Freundin und ich - eines Tages in den Filmpark Babelsberg. Ich hatte schon vorher verkündet, ich würde alle einladen und fühlte mich wie ein spendabler Familienvater. Wir fuhren also mit der Bahn nach Babelsberg und liefen zum Filmpark. Genauer gesagt: Katharina und ihre Freundin liefen drei Meter vor uns, wir eilten hinterher.

In Babelsberg angekommen, unterhielt ich mich lange mit der besten Freundin von Katharina. Sie war eher schüchtern und brav. So müsste Katharina sein, dachte ich in diesem Moment. Diese Freundin entsprach jenen Familienwerten, die ich kannte. Sie war höflich, stellte Fragen, sagte bitte und danke. Sie war so ziemlich das Gegenteil von Katharina. Diese Freundin hätte ich gern adoptiert.

Aber man muss das Leben so nehmen wie es ist. Ich musste daher mit Katharina klarkommen, die jetzt ihre erste Erkundungstour absolviert hatte. Es gab in Babelsberg vieles zu sehen und ich wurde abkommandiert, um mich an einem U-Boot anzustellen. Bald war ich ganz vorn, doch von ‚meiner' Familie war weit und breit nichts zu sehen. Also ließ ich etliche vor und befand mich wieder in der Mitte. Just in diesem Moment kam Katharina und sagte kurz und knapp: „Warum bist du noch nicht vorn? Noch nicht einmal das kannst du." Das ließ ich nicht auf mir sitzen und erwiderte, bei ihr hätte ja wohl jede Erziehung versagt.

In den nächsten Stunden verhielt sich Katharina etwas vorsichtiger, ihre Mutter schaute verstimmt, ich war verspannt, mein Rücken signalisierte, dass ich Erholung brauchte. Dieser Familienausflug war also eher eine Bruchlandung.

Katharina: Babelsberg

Unser erster richtiger gemeinsamer Ausflug sollte zum Filmpark Babelsberg führen. Zum Glück durfte ich eine Freundin mitnehmen. Irgendwie wusste ich nicht so richtig, ob ich mich freuen oder Wolfgang mir vor meiner Freundin peinlich sein sollte. Nun gut, sie kannte Wolfgang bereits, so schlimm würde es sicher nicht werden. Aber schon bei der Hinfahrt war ich total von ihm genervt. Er stellte meiner Freundin viele Fragen – typisch Therapeut halt. Ich dachte mir nur, mein Gott, kann er das nicht einmal lassen? „Julia, sag doch mal, wie ist denn die Beziehung zwischen dir und deinen Geschwistern?" Nun frag doch nicht so Wolfgang, dachte ich mir. Die Julia möchte dir bestimmt nicht von ihrer Familie und ihren privaten Problemen erzählen, das machen wir Mädchen untereinander. Das teilen wir aber nicht mit einem Opa.

Endlich in Babelsberg angekommen, wollte ich mich sofort in die ersten Vergnügungen stürzen. Es zeigte sich bald, dass es überall lange Warteschlangen gab. Wir stellten uns an. Nach einer Weile schlug ich vor, dass meine Freundin, ich und meine Mama ein Eis kaufen könnten. Wolfgang konnte doch hier die ‚Stellung halten', wozu sollte er denn etwas Leckeres bekommen?

Ich platzierte ihn genau an seinem Punkt in der Warteschlange, damit nichts schief ging. Mit meiner besten Freundin und meiner Mama machte ich mich auf, ein Eis zu kaufen. Als wir zurückkamen war Wolfgang in der Schlange nach hinten gerückt und nicht nach vorn. Das konnte doch nicht wahr sein! Dieser Typ stellt immer merkwürdige Fragen und macht sich wichtig, aber er kann sich noch nicht einmal vernünftig in einer Schlange anstellen.

Das konnte doch jedes Kind. Er aber nicht. Dazu war er unfähig. Das sagte ich ihm auch, es platzte förmlich aus mir raus: „Du bist ja zu überhaupt nichts zu gebrauchen", sagte ich zu Wolfgang. Daraufhin wurde er richtig wütend und meckerte mich laut an. Ich zuckte zusammen. So kannte ich ihn gar nicht. Wolfgang meckerte mich an – das war noch nie vorgekommen. Ich war entsetzt. Er meckerte mich vor meiner Freundin an. Meine Mama schaute betrübt auf den Boden. Die Stimmung war auf dem Tiefpunkt und unser erster Ausflug gescheitert.

Wolfgang: Ein typischer Tag mit Katharina

Nach dem missglückten Familienausflug fuhr ich zu mir nach Hause. Ich war einigermaßen bedient. Aber am nächsten Tag war ich wieder da. Ich war inzwischen ein Familienmitglied mit zahlreichen Pflichten. Ich ging einkaufen, kochte, machte das Frühstück und bereits nach einigen Wochen passte ich mich an den Tageslauf der beiden ‚Damen' an.

Früher war ich ein typischer Nachtmensch. Ich saß gern am Schreibtisch und arbeitete, wenn alle anderen schliefen. Das war für mich geschenkte Zeit und ich war ungestört. Meist kam ich erst um 3:00 Uhr ins Bett, entsprechend spät stand ich auf. Aber das geht nun nicht mehr.

Um 7:00 Uhr gibt es das gemeinsame Frühstück und ab 6:30 Uhr ist das Bad durch Katharina blockiert. Nach einigen Monaten muss ich akzeptieren, dass Katharina oft morgens badet. Wieder einmal setzt sie sich durch und ich gebe nach, denn ich habe keine Lust, bereits am Tagesanfang diese unsäglichen Konflikte auszutragen. Katharina bummert häufig an die Tür und fordert mit ihrem unnachahmlichen Befehlston: „Ich will rein!" Notgedrungen stehe ich also schon um 5:45 Uhr auf, um in Ruhe zu duschen, meine Zähne zu putzen und die Haare zu kämmen. Dann kommt aufgeregt und drängelnd Katharina, der bis 7:00 Uhr das Badezimmer gehört.

Das kannte ich schon in meiner Kindheit. Ich hatte zwei Schwestern, die sich stundenlang schminkten und sich im Bad einschlossen. Aber morgens ließen sie mich nach fünf Minuten wenigstens auf die Toilette. Keiner wäre es damals eingefallen, morgens zu baden. Doch Katharina sitzt vergnügt in der Wanne und alle anderen müssen warten. Ich halte dies für rücksichtslos.

Das Frühstück beginnt meist damit, dass sich Katharina aufregt. Die Butter ist noch zu kalt, der Tee hat nicht lange genug gezogen, die Brötchen sind hart. Irgendwann frage ich sie: „Warum regst du dich so sehr auf?" Sie meint: „Ich bringe mein kleines Maschinengewehr in Stellung. Wenn mich dann jemand in der Schule ärgert, bin ich bereits bestens in Form."

8:00 bis 17:00 Uhr: Ich bin Psychotherapeut und erkundige mich bei meinen Patienten und Patientinnen immer nach ihrer Kindheit. Besonders hellhörig werde ich natürlich, wenn sie mit einem Ziehvater aufgewachsen sind. Ihre Mutter habe sich getrennt und ein neuer Mann sei bei ihnen eingezogen – erzählen sie. Dann frage ich sehr interessiert, wie sich die Beziehung entwickelt habe. Ich bekomme mit, dass die Beziehungen zu den Kindern immer dann schwierig sind, wenn die Ziehväter viel bestimmen wollen, sich streng und kontrollierend verhalten. So baut sich kein Vertrauensverhältnis auf und die Beziehung ist von Anfang an sehr reserviert.

Zunehmend kommen aber auch Männer zu mir in die Behandlung, die sich in der Rolle des Stiefvaters befinden. Ich helfe ihnen, diese Herausforderung zu meistern. Durch meine eigenen Erfahrungen bin ich zu einem kompetenten Berater geworden.

Um 17:00 Uhr habe ich Feierabend. Dann schwinge ich mich aufs Rad und bin um 17:30 Uhr in der Wohnung. Und schon beginnen die Probleme. Ich habe noch kein Handy – das damals sehr klobig und teuer war - und bin auf das alte Telefon der Post angewiesen, was allerdings fest von Katharina okkupiert wird. Manchmal muss ich dringend einen Kollegen anrufen, Termine absagen oder bestätigen, doch Katharina plaudert und plaudert und alle Bitten und wütenden Ermahnungen haben keinen Erfolg. Das nervt gewaltig.

Ziemlich angesäuert fange ich dann an zu kochen und wir essen zusammen Abendbrot. Dabei sorge ich für Abwechslung. Katharina ist es gewohnt, dass es viel Fleisch und wenig Gemüse gibt. Sie kennt Schweinebraten, Rouladen und immer wieder diese fettigen Leberwürste. Doch ich achte auf die gesunde Ernährung, also gibt es wohlschmeckende Salate mit Kräuterdips, Gemüsepfannen und wunderbare Eintöpfe. Mir schmeckt es, aber Katharina stochert lustlos im Salat herum. „Ist das alles oder kommt noch etwas Richtiges?", kommentiert sie provokant.

Um 19:00 Uhr sind wir meist mit dem Essen fertig und ich räume ab. Ich erwarte nicht, dass Katharina hilft. Aber es wäre schon toll, wenn sie ihre Sachen wegräumen würde. Sobald ihr eigenes Zimmer vollgemüllt ist, breitet sie sich im Wohnzimmer aus. Der Tisch ist vollgepackt mit Schulheften, Büchern und wichtigen Dokumenten, die von Butterflecken verziert werden. Zur Not weicht Katharina daher auch auf das Sofa und den Couchtisch aus. „Kannst du das nicht wegräumen?", frage ich sie nachdrücklich. „In mein Zimmer passt nichts mehr rein!", kommt die Antwort. „Wie wäre es mit aufräumen?", hake ich nach. Doch darauf hat sie nur gewartet: „Du hast mir nichts zu sagen. Du bist nicht mein Vater!", entgegnet sie. Manchmal hilft dann nur noch die Drohung mit der resoluten Großmutter. Vor ihr hat Katharina am meisten Respekt und räumt auf, sobald sie im Anmarsch ist.

Entlastend ist für mich immer die Wochenendplanung, die schon am Mittwoch beginnt. Dann besprechen wir, was wir alle 14 Tage am Wochenende unternehmen könnten – ohne Katharina. Endlich eine harmonische Stimmung. Endlich könnte ich auch etwas entscheiden. Katharina zieht sich daraufhin gekränkt zurück. Endlich bin ich mit Susanne allein.

Um 20:00 Uhr entbrennt der Kampf um die Fernbedienung. In einer Familie hat der die Macht, der die Fernbedienung in der Hand hält. Das ist so gut wie immer Katharina. Sie bestimmt, welches Programm im Fernsehen läuft. Sie ist die Chefin und hat die Macht über die Medien. Das sehe ich meist sehr entspannt, weil ich selten fernsehe. Aber als eine wichtige Sendung über das Thema Geld ausgestrahlt wird (darüber schreibe ich gerade ein Buch), muss Katharina natürlich trotzdem ihre Promisendung anschalten. Sie hat ein Gewohnheitsrecht und denkt nicht daran, einen Kompromiss zu finden. Das ärgert mich so sehr, dass ich zu mir nach Hause fahre, um dort in Ruhe die Sendung anzuschauen.

Doch meist gebe ich nach, ohnehin lese ich lieber und Katharina sitzt um 21:00 Uhr noch im Wohnzimmer und sieht fern. Und nachdem Katharina endlich im Bett liegt, geht meine Partnerin Susanne immer für eine halbe Stunde zu ihr rüber und sie reden und reden und pflegen ihre vertraute Beziehung. Erst danach kommt Susanne ins Schlafzimmer und dann beginnt ein wunderbares Ritual: Wir lesen noch eine halbe Stunde, oft lese ich etwas vor. Das sind die vertrauten, schönen Momente unserer Partnerschaft. Dafür ertrage ich vieles, das ist der Schadensersatz für den Ärger mit Katharina und vor Mitternacht schlafen wir ein.

Katharina: Ein typischer Tag mit Wolfgang

6:30 Uhr – Aufstehen: Wolfgang blockiert mal wieder das Bad. Dabei habe ich ihm schon diverse Male gesagt, dass er gefälligst eine Stunde früher aufstehen und weg sein soll, wenn ich ins Bad will. Ich verstehe das einfach nicht, warum kann er das nicht machen? Ich bin aufgebracht, weil ich Angst habe, nicht lange genug baden zu können und womöglich zu spät zur Schule zu kommen. Wolfgang braucht wieder ewig im Bad. Ich klopfe einige Male an die Tür, doch Wolfgang sagt nur: „Gleich bin ich fertig, du musst noch einen Moment warten."

6:40 Uhr – Wolfgang kommt endlich aus dem Bad. Ich murmele ihm böse zu: „Was hast du denn schon wieder so lange darin gemacht?" Meine Mama enthält sich und schweigt. Wolfgang wird pampig und sagt, er müsse sich schließlich auch fertig machen, er könne nicht ungekämmt und im Schlafanzug zur Arbeit fahren. Außerdem verdient er Geld und davon gibt er uns was ab. Mir egal, denke ich mir, meine Mama bezahlt doch die Miete der Wohnung.

7:00 Uhr – Mit Entsetzen stelle ich fest, dass Wolfgang wie so oft nicht die Butter aus dem Kühlschrank rausgestellt hat und diese nun zu hart ist. Ich rufe durch die Wohnung: „Du hättest die Butter rausnehmen müssen, Mensch Wolfgang, das habe ich dir doch schon hundert Mal gesagt." Angespannt versuche ich, die viel zu harte Butter auf das Brötchen zu streichen.

7:10 Uhr – Wolfgang fährt endlich zu sich, nun habe ich Ruhe und muss ihn erst wieder abends sehen.

8:00 bis 14:00 Uhr – In der Schule ist es langweilig und meine Freundinnen und ich tauschen uns aus, wie es zuhause läuft. Wir alle sind schwer von unseren Stiefeltern genervt. Aber es gibt auch Mitschüler aus intakten Familien und sie sind offensichtlich auch von ihren eigenen Eltern genervt.

Meine beste Freundin erzählt von dem Wochenende mit ihrem Stiefvater auf der Suche nach Modell-LKWs. Insgeheim denke ich mir, dass ich eigentlich noch froh sein kann, schließlich ist der Partner ihrer Mutter viel merkwürdiger als Wolfgang. Wir überlegen uns, wie man den Stiefvater oder die Stiefmutter loswerden könnte. Wir müssten nur grausam genug sein, dann würden sie vielleicht verschwinden, denken wir uns.

14:30 Uhr – Zuhause bei meiner besten Freundin wartet schon der Modell-LKW-Sammler. Er fragt uns, ob wir mit ihm in eine Ausstellung gehen wollen. Meine Freundin rollt nur mit den Augen. Sie fragt den Partner ihrer Mutter, ob er nicht mal aufräumen könnte, überall wäre Staub.

17:00 Uhr – Nun bin ich zuhause und meine Mama kommt. Wir haben nur eine halbe Stunde zusammen, bevor Wolfgang da ist. Ich kuschle mich an meine Mama und sage ihr, wie schön es wäre, wenn wir mehr Zeit zu zweit hätten. Komischerweise antwortet meine Mama nicht darauf und seufzt nur.

17:30 Uhr – Wolfgang kommt zu uns nach Hause. Der Abend beginnt. Ich verziehe mich in mein Zimmer, damit ich mit meiner besten Freundin telefonieren kann. Nach 30 Minuten klopft es an der Tür und Wolfgang fragt mich, ob er mal das Telefon haben könnte. Ich denke mir: Na, das kannst du nun wirklich vergessen. Ich rufe ihm zu, dass ich in 10 Minuten fertig bin. Meine beste Freundin fragt: „Was will er denn?" Ich sage ihr, dass Wolfgang das Telefon haben möchte. Meine beste Freundin antwortet: „Na, da kann er lange warten. Das sage ich dem Modell-LKW-Sammler auch immer. Ich bestimme über das Telefon."

18:20 Uhr – Wolfgang klopft erneut an die Tür. Diesmal meint er fordernd: „Das Telefon, bitte." Ich bin aber noch nicht fertig, daher sage ich Wolfgang, dass er noch etwas Geduld haben müsse. Meine Freundinnengespräche sind schließlich wichtiger. Draußen höre ich, wie Wolfgang sich bei meiner Mama beschwert, dass ich schon wieder nicht das Telefon rausgebe und wie viele Abende wir dieses Spielchen noch spielen wollen. Meine Mama reagiert nicht, sie hat den Kampf um das Telefon gegen mich schon vor einem halben Jahr verloren.

18:45 Uhr – Abendbrot. Wolfgang ist nicht zu seinem Telefonat gekommen. Dafür hat er erneut das Abendbrot gemacht. Es gibt einen Salat mit Tomaten und Sprossen, der sehr gesund aussieht. Dieser Typ war doch tatsächlich eine Zeitlang Vegetarier und jetzt beglückt er uns auch noch damit.

19:00 Uhr - Wolfgang sieht mein Zimmer und findet einmal mehr, dass es aussieht, als hätte eine Bombe eingeschlagen. „Katharina, hier sieht es schlimm aus, kannst du nicht aufräumen? Ich kann nicht einmal in dein Zimmer eintreten", teilt er mir leicht höhnisch mit. „Genau, sollst du auch nicht, deshalb sieht es hier so aus", entgegne ich ihm. „So wahre ich mir meine Privatsphäre. Außerdem bist du nicht mein richtiger Papa, du hast mir gar nichts zu sagen", verkünde ich heftig. Wolfgang sagt daraufhin, er könnte ein Foto für meine Oma machen, denn er weiß, wie kritisch meine Oma das Thema Aufräumen sieht und dass sie mich oft ermahnt. Ich werde leicht panisch, schließlich scheue ich den Konflikt mit meiner Oma und will auf keinen Fall eine Diskussion.

19:30 Uhr – Wolfgang und Mama besprechen die kommenden Wochenenden. Wolfgang fragt meine Mama, wann ich denn nun endlich mal wieder ein Wochenende bei meinem richtigen Papa verbringen werde. Ich finde das gemein von Wolfgang. Wieso will er mich loswerden? Vielleicht hätte er sich nicht meine Mama aussuchen sollen, sondern eine Partnerin ohne Kind. Meine Mama sagt, sie müsse das mit meinem Papa besprechen. Will mich meine Mama etwa auch loswerden? Schafft es Wolfgang, mich abzuschieben? Er kann sich doch nicht einfach zwischen uns drängen und dann noch versuchen, mich wegzuschicken. Ich bin entrüstet.

20:00 Uhr – Wolfgang möchte unbedingt eine Sendung über die Psychologie des Geldes sehen, aber gleichzeitig kommen meine VIP-Nachrichten. Es soll um Leonardo DiCaprio gehen. Wolfgang stapft ins Wohnzimmer, setzt sich hin und sagt: „So, nun aber meine Sendung." Ich teile ihm mit, dass das nicht geht und schaue meine Sendung. Außerdem bestimme ich über die Fernbedienung. Wolfgang wird jetzt richtig sauer. Er fordert: „Umschalten", doch ich reagiere nicht. Meine Mama schweigt zu der Situation. Wolfgang wird dermaßen wütend, dass er in den Flur und in das Schlafzimmer geht, seine Sachen packt und meint: „So, ich fahre zu mir. Das ist mir hier zu blöd."

Super, denke ich mir, ich habe es geschafft, nun bin ich ihn erst einmal los. Meine Mama bittet ihn zu bleiben und sagt, es tut ihr leid. Ich höre Gemurmel im Flur. So kann ich mich nicht auf die Sendung konzentrieren. Ärgerlich, denke ich mir. Dann fällt die Tür ins Schloss und Wolfgang ist weg. Geschafft für heute.

Wolfgang: Ich komme nie zu Wort

Wenn man mich in den ersten Jahren des neuen Familienlebens fragte: „Was können wir dir schenken?" – war meine Antwort meist: „Ein Wochenende ohne Katharina." Es war toll, wenn sie einmal beim Vater war oder bei den Großeltern übernachtete. Erst dann konnte ich mit Susanne eine Radtour unternehmen oder in ein Konzert gehen. Doch das war selten, oft hatte ich daher das Gefühl, Katharina ertragen zu müssen. Denn sie gab mir fast immer das Gefühl, ein Störenfried zu sein. Vor allem bei den Mahlzeiten war ich regelrecht der ungeliebte Gast - dabei hatte ich das Essen gekocht.

In den Gesprächen existierte ich nicht. Katharina wendete sich immer nur an ihre Mutter und diese redete dann mit mir. Aber selbst das war kaum möglich, denn Katharina achtete sehr darauf, dass keine Gesprächspausen entstanden. Sie ließ keine Lücke, die ich hätte nutzen können. Zudem konnte ich zu den Themen, die Katharina ansprach, nichts beitragen. Sie wählte bewusst Ereignisse aus der Familiengeschichte, die ich nicht kannte. „Weißt du noch – als wir damals ... und als wir mit der Luftmatratze ... und die vielen Mücken ..." Manchmal stand ich daher auf und ging.

Häufig saß ich aber einfach nur da und dachte an meine Rundfunksendungen und Vorträge. Doch immer wieder lockerte sich die Stimmung etwas auf. Beispielsweise gab es an den Wochenenden nach dem Mittagessen einen Brauch: Wir spielten Karten. Und allmählich und fast mühsam ergab sich ein Gespräch zwischen Katharina und mir. Zumindest gab es Gesprächsfetzen, wie z.B.: „Du bist dran" oder „So spielt man nicht" oder „Das geht so nicht." So gut wie immer gewann Katharina. Aber wenn ich dennoch einmal als Sieger aus dem Spiel hervorging, war sie ziemlich sauer. Der Ärger stand ihr ins Gesicht geschrieben. Meist fauchte sie dann: „Du hast geschummelt, du Loser!"

Solche kleinen Frotzeleien steckte ich sportlich weg und bemühte mich, interessante Anknüpfungspunkte zu finden. Das war nicht schwierig, denn Katharina war damals ein richtiger Fan der Spice Girls. Sie bewunderte die Aufbruchsstimmung dieser fünfköpfigen Girls-Group, die so frech und unbekümmert die Welt eroberte. Also kannte ich alles über Mel B, Emma, Geri, Victoria und Mel C. Ich wusste, wann sie eine neue Platte rausbrachten, wo sie auftraten und war auch über ihr Privatleben bestens informiert.

Katharina: Die nervigen Themen

Die ersten Monate mit Wolfgang in meinem Alltag waren mehr als nervig. Er bemühte sich ständig, sich einzubringen und Gesprächsraum für sich in Anspruch zu nehmen. Ich fragte mich, wen seine Aussagen denn interessieren würden. Ich versuchte emsig, meine Mama von meinen Themen zu überzeugen. Ich wollte schließlich nicht von Wolfgang über das Fahrradfahren, seinen Literaturkreis oder das Ökoessen informiert werden. Mit meiner Mama verband mich so vieles und in unseren Gesprächen wollte ich sie immer an unsere glücklichen, gemeinsamen Zeiten erinnern, an Zeiten mit meinem richtigen Papa und meiner Mama. An all die schönen Momente und Ausflüge, die wir zusammen gemacht hatten.

Komischerweise wollte meine Mama aber nicht die ganze Zeit darüber reden. Das konnte ich gar nicht verstehen. Das muss Wolfgang gespürt haben. Jedenfalls versuchte er manchmal, irgendwelche Kommentare loszuwerden.

Wolfgang: Endlich allein

Wir lebten in einer kleinen Plattenbauwohnung, in der man sich kaum aus dem Weg gehen konnte. Wir sahen uns ständig, aber unsere ‚Gespräche' beschränkten sich auf seltene Kommentare, die meist wenig rücksichtsvoll waren. Also suchte ich andere Wege der Kommunikation und schrieb Katharina häufiger Gedichte:

Schrecklich, dieser alte Mann.
Ich kann ihn gar nicht leiden.
Mutter strahlt ihn immer an,
ich find ihn bescheiden
und bin garstig und gemein,
dann fährt er wieder zu sich heim
und ich bin endlich ungestört.
Keiner, der mich sieht und hört.
Ich muss nur schrecklich rotzig sein,
dann bin ich endlich mal allein

Katharina: Meine Kreativität

Wie schön, dass ich nur ein paar Waffen rausholen musste, dann war ich Wolfgang los. Unsere Wohnung war einfach nur für meine Mama und mich gemacht, Wolfgang störte. Wenn ich so richtig garstig war, wurde ich ihn los. Meiner Kreativität sei Dank. Ich musste nur durch ihn hindurch schauen und so tun, als wäre er gar nicht da. Das war noch viel wirkungsvoller als mein aktiver 7-Punkte-Plan. Ich musste ihn nur vollständig ignorieren. Mit dieser Strategie kann man Menschen verrückt machen. Tatsächlich bemerkte ich bei Wolfgang nach zehn Minuten ein Zucken in den Mundwinkeln, dann bildeten sich Schweißtropfen auf seiner Stirn, dann wurde er rot, als würde er gleich platzen. Und endlich ergriff er die Flucht und verschwand im Schlafzimmer. Ich hatte wieder einmal gewonnen.

Wolfgang: Die Körnerbouletten

Meine kreative Antwort auf Katharinas Psycho-Attacken war meine Kochkunst. Sie hatte immer einen gesunden Appetit und das Schulessen schmeckte ihr nicht. Also wollte ich mit meinen Körnerbouletten punkten, die bei meinen Freunden sehr beliebt waren. Bevor ich die Partnerschaft begann, lebte ich vorwiegend vegetarisch. So wurde ich ein Experte für wohlschmeckende Körnerbouletten. Doch Katharina fand meine Essgewohnheiten grenzwertig. Was mich allerdings wunderte: Wenn ich eine ganze Schüssel voller Körnerbouletten zubereitete und in den Kühlschrank stellte, waren nach wenigen Tagen nur noch drei Stück da.

Außerdem war ich lernfähig und passte mich an. Zunehmend punktete ich mit Fleischgerichten. Es gab dann Hühnerfilets mit Champignons und Reis, deftige Eintöpfe und Aufläufe. Und ich kochte fast täglich – mit zunehmender Begeisterung der beiden Frauen.

Katharina: Sauerkrautbrötchen

Nervig waren bei Wolfgang vor allem die Neuerungen, die er unbedingt einführen musste. Über dem Sofa hing jetzt ein Bild von Van Gogh, häufig ertönte klassische Musik und Wolfgang las ständig Bücher. Oft lag er stundenlang auf dem Sofa und las – und meine Mutter auch. Aber am nervigsten waren seine Essgewohnheiten. Wolfgang mochte Körnerbouletten und Sauerkrautbrötchen. Wenn er sie anpries, dachte ich immer nur: Das soll man essen? Wahrscheinlich gab es das in dem Jahrhundert, aus dem er kommt. Vollkommen aus der Mode und überhaupt, wer isst heute noch Sauerkraut? Ich sagte ihm, dass ich das nicht essen will. Er war verschnupft. Meine Mama räusperte sich am Essenstisch. Wolfgang wirkte wütend. Als ob er Dankbarkeit erwarten würde. Wofür? Wir schwiegen uns an.

Wolfgang: Die Überraschungstüte

Meist war die Beziehung mit Katharina sehr angespannt und wenig berechenbar. Mitunter gab es Situationen, mit denen ich überhaupt nicht gerechnet hatte. Sie ereigneten sich vor allem, wenn ich mich engagierte. Meine Partnerin war dann dankbar, aber Katharinas Reaktionen waren für mich meist eine regelrechte Überraschungstüte: Ich wusste nie, was im nächsten Augenblick kommen würde.

Katharina: Fremder Besuch

Eines Tages öffnete ich die Tür zu unserer Wohnung und hörte plötzlich mir fremde Stimmen. Zum einen war da Wolfgangs tiefe, durchdringende Stimme, zum anderen eine mir völlig unbekannte Frauenstimme. Ich war geschockt und fragte mich, ob Wolfgang ernsthaft eine andere Frau in unsere Wohnung bringen würde. Ich hörte komisches Geklapper und kam den beiden näher. Er stellte sich vor mich und sagte: „Schau mal, das ist Barbara." Ich fragte mich: Ist das eine weitere Partnerin von Wolfgang? Ich ging hinaus und dachte mir, dass ich sofort meine

Mutter informieren müsste. Dass so etwas bei uns zuhause passieren würde, damit hätte ich nun wirklich nicht gerechnet.

Ich rief meine Mutter an und sagte ihr, dass ihr Wolfgang mit einer anderen Frau in der Wohnung sei und dass er wohl noch eine andere Partnerin hätte. Am Hörer tat sich zunächst nichts, bis meine Mama schließlich meinte, das müsste ein Irrtum von mir sein. Die Antwort verblüffte mich - was versteht sie denn jetzt daran nicht? Erwachsene sind schwierig. Er hinterging meine Mama bereits, das war doch total klar. Mama äußerte aber nur ganz ruhig, sie würde den Wolfgang gleich mal anrufen. Ich bringe da bestimmt etwas durcheinander.

Erneut betrat ich die Küche und er teilte mir ganz freudig mit, dass er und Barbara bei Ikea Geschirr für unsere Wohnung eingekauft hätten und nun alles einräumen würden. Ich fand das total schräg und dachte mir, das könnte doch nicht stimmen, warum sollte eine fremde Frau meiner Mama und mir in unserer Wohnung helfen? Da ist auf jeden Fall etwas faul dran. Wolfgang und Barbara scherzten und lachten und ich wollte einfach nur weg. Ich verstand diese Situation nicht. Dann sagte Barbara plötzlich zu mir: „Ich freue mich schon, deine Mama kennen zu lernen." Was war das für ein Spiel, verstellte sie sich? Das war doch alles ziemlich abgefahren.

Endlich kam meine Mama nach Hause. Ich dachte mir, nun würde sie dem endlich ein Ende setzen. Wolfgang würde aus unserem Leben verschwinden. Ich würde also meine Mama wieder alleine für mich haben. Meine Stimmung hellte sich schlagartig auf. Dann sagte sie zu dieser fremden Frau – „Hallo Barbara, schön dich endlich kennenzulernen!" Ich hatte viele Fragezeichen in meinem Kopf: Warum freute sich meine Mama über Barbara?

Offensichtlich wusste meine Mama von ihr. Und sie akzeptierte Barbara? Ich fand das merkwürdig. Meine Mama erklärte mir, dass Barbara eine langjährige Freundin von Wolfgang sei. Barbara wäre ganz nett und würde uns toll bei der Einrichtung unserer Wohnung helfen. Aha, dachte ich mir. So ein Quatsch. Warum sollte das Barbara tun? Meine Stimmung war hinüber und ich war enttäuscht, dass Mama den Wolfgang nicht gleich aus der Wohnung geworfen hatte. Aber meine Mutter sagte nur: „Ach Katharina, die Barbara ist eine gute Freundin und tut dem Wolfgang auch gerne mal einen Gefallen. Das ist doch nett."

Wolfgang: Das neue Geschirr

Eines Tages war ich mit einer Kollegin bei Ikea. Wir hatten eine Geschirrspülmaschine angeschafft und nun brauchten wir ausreichend viel Geschirr. Genauer gesagt: Wir brauchten jetzt doppelt so viel Geschirr, weil die Teller und Tassen immer in der Maschine darauf warteten, endlich gesäubert zu werden. Allerdings hatten wir damals kein Auto und Susanne verfügte über wenig Zeit. Also fragte ich eine Kollegin, ob sie mir helfen könnte.

Sie besaß ein Auto und hatte Zeit, so fuhren wir zusammen zu Ikea und kauften eine ganze Kiste mit Tellern, Tassen und Besteck. Dann schleppten wir alles hoch und die Tür ging auf. Katharina kam herein und half uns nicht. Sie fragte auch nicht, was wir hier tun. Vielleicht war dies überflüssig, denn sie sah, dass wir die Teller und Tassen einräumten, die auch sie beim Frühstück benutzen würde. Doch Katharina hatte nichts Besseres zu tun, als ihre Mutter anzurufen: „Wolfgang ist mit einer fremden Frau in der Wohnung", verkündete sie. Das ist doch ein kleines Stinktier – dachte ich. Man sah Katharina die Freude regelrecht an. ‚Jetzt bin ich dich endlich los', war ihre unausgesprochene

Botschaft, mit der sie mich triumphierend anstrahlte. Susanne kam daraufhin wesentlich früher nach Hause und fragte mich, wie lange ich die Kollegin schon kennen würde, ob sie eine Partnerschaft habe, wie intensiv unsere Beziehung sei. Ihre Fragen signalisierten mehr Interesse als Eifersucht.

Aber um Eifersucht ging es dann eindeutig bei der Frage: Wem gehörte Susanne? War sie im Wesentlichen Mutter oder Partnerin? Um dies zu klären stellte Katharina ihrer Mutter immer wieder eine Frage: „Wen würdest du retten? Stell dir vor: Wolfgang und ich hängen unter einer Felskante, du kannst nur einen retten, der Andere stürzt ab. Wen rettest du?" Meine Partnerin zögerte etwas, um ihr dann zu sagen: „Erst rette ich dich, dann Wolfgang." „Nein, nein!", protestierte Katharina. „Du kannst nur einen retten, der andere stürzt in den Abgrund."

Es war die nackte Eifersucht, offenbar war ich durch meine Anwesenheit eine Bedrohung für Katharina. Die enge Mutter-Tochter-Bindung löste sich etwas auf. Das war grundsätzlich gut, aber Katharina fand das nicht komisch.

Katharina: Die Testfragen

Meine Mutter gehörte mir. Das war so und das sollte so bleiben. Deshalb fragte ich meine Mama gerne, wen sie denn lieber hätte, den Wolfgang oder mich. Und wen würde sie retten, wenn wir am Abgrund ständen? Mich oder Wolfgang? Meine Mama sagte mir immer, dass sie uns beide retten würde. Ich teilte ihr mit, dass das aber nicht ginge, schließlich kann sie nur einen von uns retten. Meine Mama musste sich entscheiden. Wolfgang oder ich. Wir können nicht beide den gleichen Status haben. Manchmal wirkte meine Mama etwas genervt von meinen Fragen. Ich tat auf Unschuldslamm, selbst wenn sie müde wirkte, sah ich nicht, dass es mit mir zu tun haben könnte. Ich fand, dass meine Fragen eine Berechtigung hatten und wichtig waren. Letztlich ging es bei meinen Testfragen auch um die Frage: Wer hat eigentlich hier etwas zu sagen? Wolfgang war ja der Ansicht, dass er hier auch bestimmen darf. Über mich bestimmen darf.

Wolfgang: Die Chefin

Ich hatte oft das Gefühl, dass Katharina der Chef in der Wohnung war. Sie verhielt sich häufig so, als wäre sie ein Radiosender. Meist war das Telefon auf Lauthören eingestellt und man durfte alle Gespräche über Schulnoten und Lebensprobleme anhören. Und sie machte klare Ansagen: Was sie essen wollte, welche Sendungen wir sehen könnten – und schickte mich gern aus dem Zimmer. „Geh raus", tönte es dann. Manchmal kam noch eine Begründung: „Ich will fernsehen!" Es war nicht immer leicht, spontan darauf zu reagieren. Meist ergab sich ein Streit. Denn unsere Wortgefechte führten zu nichts, Katharina wollte nicht nachgeben, ich aber auch nicht. Also schrieb ich ihr wieder einmal ein Gedicht:

Ach du nervst, ach du störst.
Es wär so schön, wenn du mal hörst.
Mach doch Schluss mit dem Getue.
Lass mich endlich mal in Ruhe.
Geh ins Bett und merke dir -
das große Zimmer gehört nur mir.
Du kannst es manchmal mitbenutzen.
Du kannst das Essen kochen und die Scheiben putzen.
Doch eines muss ich dir ganz deutlich sagen.
Du musst natürlich jedes Mal mich fragen.
Dass du bestimmst, das kannste träumen.
Ich bin der Chef in diesen Räumen.

Katharina: Lass mich in Ruhe

Solchen Quatsch, mir Gedichte und kleine Briefe zu schreiben, kannte ich aus meiner Familie nicht. Warum konnte Wolfgang es nicht einfach nur bei der verbalen Kommunikation belassen? Ich fragte mich, ob ihm manchmal langweilig war, schließlich dauert die Erfindung eines Gedichtes auch Zeit. Und dann bekam ich immer diese ätzenden Briefe. Oft dachte ich nur: „Ach Wolfgang, lass mich doch bitte einfach in Ruhe!"

Wolfgang: Die Beschwerdebriefe

Manchmal gab es zwischen Katharina und mir eine Art Waffenstillstand. Aber immer wieder schrieb ich Beschwerdebriefe, wenn erneut der Backofen völlig verdreckt war und die ganze Küche roch. Dann teilte ich ihr mit:

„Hi, es stinkt furchtbar in der Wohnung, weil du meistens das Fett auf dem Backblech lässt und kein Backpapier benutzt. Wärst du bitte so freundlich, das Backblech zu säubern. Es dankt dir ganz herzlich Wolfgang."

Katharina: Du bist nicht mein Vater

Wenn Wolfgang mit seinen pädagogischen Briefen anfing, war für mich eines klar: Er ist nicht mein Vater und hat mir nichts zu sagen. Wolfgang sollte auch gar nicht erst versuchen, diese Rolle einzunehmen. Allerdings fragte ich mich manchmal ernsthaft, ob er das tatsächlich wollte. Aber dann gab es doch den klaren Beweis, dass er mich erziehen wollte. Beispielsweise bekam ich einen ziemlich überflüssigen Brief mit der Frage: „Kannst du mal das Blech im Backofen sauber halten?" Ich dachte nur: Nein, das kann ich nicht und überhaupt, du hast mir nichts zu sagen.

Wolfgang: Du hast mir nichts zu sagen

Wenn ich Katharina gelegentlich ermahnte, ging es nicht nur um die verdreckte Küche. Es ging bei unseren Konflikten oft darum, dass sie unsere Wohnung zu ihrer Bühne erklärt hatte. Sie liebte die Lieder der Spice Girls und tanzte und sang dazu. Die Lautsprecher dröhnten, ich konnte kaum lesen. In der kleinen Wohnung bebte der Fussboden. Aber wenn ich mich bei ihr beschwerte, erklärte sie mir: „Du hast mir nichts zu sagen!" Also sagte ich nichts, sondern schrieb ihr ein Gedicht:

Die Wohnung dröhnt, der Boden schwingt,
wenn Katharina lustvoll singt.
Mal hört es auf, mal kommt es wieder.
Ganz rhythmisch zum Gesang der Lieder.
Doch immer ist es schnell und heftig.
Voll Temperament, voll Kraft und deftig.
Mal hört er auf, mal fährt er fort,
der Katharina Spice Girls Sport.

Ich ahnte ja, dass sie meine Ermahnungen nicht ernst nehmen würde. Ich habe deshalb kaum versucht, diese junge und mitunter eigenwillige Frau zu erziehen. Ich wollte nicht ihr Vater sein. Doch musste ich deshalb alles tolerieren? Hatte ich nichts zu sagen? Es war nicht meine Art, mich mit allem abzufinden. Schließlich waren meine Ansprüche sehr gering. Ich hätte es schon toll gefunden, wenn sie morgens das Geschirr rausgebracht hätte. Aber alle Erziehungsbemühungen prallten mehr oder minder an ihr ab. Sie war und blieb die Bestimmerin, die mir recht klare Anweisungen gab:

„Am Donnerstag solltest du später kommen, ich habe Freundinnen eingeladen. Und kochen darfst du nach 21:00 Uhr nicht mehr, mich stört das Geklapper der Topfdeckel."

Katharina: Hat man nie seine Ruhe?

Es war wirklich ätzend. Für meine Mutter und mich wäre diese Wohnung ja groß genug gewesen. Aber dann war Wolfgang ständig hier. Nie konnte man einmal ungestört fernsehen. Nie konnte ich mit meinen Freundinnen abhängen. Und wenn ich ihm eine Ansage machte „Du solltest erst nach 20:00 Uhr kommen", war er beleidigt.

Wolfgang: Die Direktorin

Ich war oft verstimmt, häufig auch wütend, denn Katharina dachte nie daran, einen tragfähigen Kompromiss herzustellen. Vielmehr verhielt sie sich wie der Direktor einer Fabrik, der zu bestimmen hat. Und deshalb meldete sie sich auch immer wie die Direktorin eines weltweiten Konzerns, wenn ich sie anrief. „Ja, bitte", äußerte sie dann genervt. Und gelegentlich teilte ich ihr mit, es sei höflicher, wenn sie sich mit ihrem Namen meldet.

„In meiner Familie gab es höfliche Umgangsformen", vermittelte ich ihr. Besser gesagt: Wollte ich ihr vermitteln. Denn Katharina schaute mich mit einem Blick an, der mir zeigte, was sie von meinen Predigten hielt. Ihr Gesicht sprach Bände: „Ach Alter, höre auf zu sülzen. Wir leben nicht mehr wie damals, sondern heute. Wir sind cool."

Wenn ich mit meiner Höflichkeit punkten wollte, war sie erstaunt. Höflichkeit war für mich selbstverständlich. Für Katharina war es Schleimerei.

Katharina: Umgangsformen

Da versuchte doch Wolfgang tatsächlich, mir andere Umgangsformen beizubringen. Aus irgendwelchen Gründen rief er oft an, obgleich er eigentlich ständig bei uns war. Nun möchte man als Teenager am Telefon nicht seinen Namen nennen, was Wolfgang immer auf die Palme brachte. Für mich reichte ein „Ja" oder „Was?" oder „Wer ist dran?" am Telefon völlig aus. Wolfgang versuchte mir gelegentlich zu erklären, dass ich freundlicher sein könnte. Davon wollte ich aber gar nichts wissen, Wolfgang war für mich der, der nicht mehr zeitgemäß war, der auch all die coolen Worte nicht verstand. Letztens fragte er mich doch tatsächlich, was Beef sei. Wolfgang kam wirklich aus einer anderen Zeit.

Wolfgang: Verreisen miteinander - nein!!!

Natürlich wusste ich, was Beef bedeutet. Es ist Rindfleisch. Oder? Schon diese Sprache zeigte mir, dass wir in unterschiedlichen Welten lebten. Und dies sollte so bleiben. Ich kannte in meiner Kindheit noch die sonntäglichen Ausflüge. Doch daran war nicht zu denken. Wir waren keine normale Familie und daher gingen wir nie zusammen spazieren und nur einmal zusammen ins Kino. Katharina saß allein drei Reihen vor uns.

Katharina freute sich zwar sehr, wenn ich Curryhuhn mit Reis vom Inder mitbrachte. Sie freute sich auch, wenn ich Eis von ihrem Lieblingsrestaurant holte. Aber trotzdem gingen wir sehr selten gemeinsam essen. Und vor allem: Sie weigerte sich standhaft, zusammen mit uns zu verreisen. „Nur wenn ich mit euch in einem Zimmer schlafe"- war ihre Ansage. Das stieß allerdings auf meinen entschiedenen Widerstand und ich versuchte, eine bessere Lösung zu finden.

Ich schlug ihr vor, wir könnten ja eine gute Freundin mitnehmen, die bei ihr im Zimmer schlafen würde. Aber auch das lehnte sie ab. Sie fühlte sich offenbar wie das fünfte Rad am Wagen und wollte keine Lösung unterstützen, bei der sie mich als Familienmitglied akzeptiert hätte. So musste ihre Mutter den Urlaub immer aufteilen: 14 Tage für Katharina, eine Woche für mich. Mit Katharina unternahm sie weite Reisen, wir fuhren mit dem Rad die Oder, den Neckar und die Donau entlang.

Katharina: Gemeinsame Reisen

Wolfgang hatte viele Vorstellungen, was wir als ‚Familie' zusammen machen könnten: Ausflüge, Spaziergänge, Kinobesuche. Ich hatte natürlich zu nichts Lust, außerdem wollte ich mit Wolfgang nicht in der Öffentlichkeit gesehen werden. Ein Herzensthema hatte Wolfgang zudem sehr oft angesprochen, er wollte unbedingt Reisen mit meiner Mama und mir unternehmen. Ich konnte mir mit Wolfgang aber so gar keine Reise vorstellen und wollte das nicht. Trotzdem sagte er oft zu meiner Mama: „Wir könnten es doch so schön haben und tolle Unternehmungen machen!"

Ich teilte daraufhin meiner Mama mit, dass wir gerne verreisen können, wenn ich bei ihr schlafen kann und Wolfgang in einem anderen Zimmer. Außerdem möchte ich bei dieser Reise nicht mit ihm gesehen werden, deshalb könnten wir dann nur Unternehmungen ohne Wolfgang machen. Meine Mama teilte mir mit, dass das nicht geht und der Wolfgang mit ihr in einem Zimmer ist. Daher schlug ich den beiden vor, dass wir ja dann alle zusammen in einem Zimmer schlafen könnten, also Wolfgang würde in einem anderen Bett schlafen und ich natürlich mit meiner Mama ein Bett teilen. Wolfgang wollte das irgendwie nicht. Ich konnte das gar nicht verstehen. So vergingen die Jahre und wir verreisten nie gemeinsam. Ich konnte mit meiner Mama viele schöne Reisen unternehmen und Wolfgang musste all die Jahre zuhause bleiben. Ich fand das nur gerecht, denn ich wollte meine Mama nicht noch mehr teilen, schließlich hatte ich meine Mama durch Wolfgangs Anwesenheit ohnehin nicht immer für mich alleine.

Für mich war es entlastend, dass es von Wolfgang akzeptiert wurde, dass wir unsere „Zuhause-Projekte" hatten, aber außerhalb nicht viel zusammen unternommen haben. Gemeinsame Urlaube oder Kinogänge gab es einfach nicht, es wurde aber auch nicht immer wieder thematisiert. Diese Unternehmungen machte ich halt mit meinem richtigen Vater, mit Wolfgang fanden die Themen des Alltags statt.

Wolfgang: Die Radtour

Ich akzeptierte es, dass wir keine Familien-Urlaube unternahmen. Aber ich hatte ein Herzensthema: Ich war ein begeisterter Radfahrer. Als ich Susanne kennenlernte, stellte ich ihr beim ersten Treffen eine Frage: „Fährst du gern Fahrrad?" Sie bejahte dies und präsentierte mir bald ein Fahrrad aus Ost-Produktion. Sehr stabil, ohne Gangschaltung und für längere Strecken ungeeignet. Jedenfalls unternahm ich gern Radtouren und deshalb fiel mir die Antwort leicht, als Katharina mich irgendwann etwas pampig fragte: „Was willst du eigentlich von mir?" - „Ich hätte es gern, dass du bei einer Radtour dabei bist." Der ganze Freundeskreis wollte Himmelfahrt eine Radtour durch die Mark Brandenburg unternehmen. Es wäre doch toll, wenn Katharina und ihre Mutter mitkommen würden.

Tatsächlich kam Katharina mit. Offenbar hatte ihre Mutter eine gründliche Überzeugungsarbeit geleistet. Also standen wir morgens mit dem gesamten Freundeskreis am Bahnhof und fuhren mit der Regionalbahn in die Schorfheide. Es war ein wunderschöner Tag, die Sonne schien, keine Wolke war am Himmel: Ein richtiges Radfahrerwetter. Ich fand die Tour perfekt. Wir waren eine große Gruppe, jeder redete mit jedem und nach 12 Kilometern legten wir die erste längere Pause ein, nach weiteren 10 Kilometern waren wir am Ziel.

Obwohl Susanne klein und zierlich war, verfügte sie über eine enorme Energie. Doch Katharina war offenbar solche sportlichen Leistungen nicht gewöhnt. Nach 15 Kilometern fragte sie immer wieder: „Wie weit noch?" Sie wirkte so, als wäre sie jetzt schon erschöpft. Das erstaunte mich, Katharina war durchaus kräftig und so erkundigte ich mich nach ihrer Kondition: „Wie geht es dir denn im Sport?", wollte ich anteilnehmend wissen. Aber Katharina schnaufte nur und fuhr immer langsamer. „Ein Elektrofahrrad wäre toll", stellte ich heiter fest. Doch Katharina fand meine Bemerkung ziemlich überflüssig. Und sie wollte auch meine Hilfe nicht annehmen, als ich ihr vorschlug, sie etwas zu unterstützen. Mit der rechten Hand kann ich ziemlich mühelos einige Kilometer einen anderen Radfahrer schieben. Aber das lehnte sie energisch ab und biss die Zähne zusammen und war wohl ganz froh, als wir endlich an der Bahnstation angekommen waren.

Katharina: Sein Hobby - Fahrradfahren

Wolfgang liebt das Fahrradfahren. Er kann jeden Tag stundenlang mit dem Rad fahren und dabei entspannen. Daher musste ich einmal mit zu einer Fahrradtour – an diesem ansonsten schönen Sonntag. Die Fahrradtaschen wurden gepackt und ich musste mir komische Brote schmieren. Dann holte Wolfgang wie immer seinen Fahrradhelm raus. Ich fand das peinlich. Wozu trägt er denn einen Fahrradhelm, dachte ich. Muss ich mich nun mit ihm so in der Öffentlichkeit zeigen? Was ist, wenn mich meine Freunde mit ihm, den Fahrradtaschen und dem Fahrradhelm sehen? Würden dann alle über mich in der Schule lachen? Mir wurde ganz schlecht. Ich dachte mir, dass ich mich irgendwo hinter ihm verstecken müsste, sodass mich auf der Straße niemand sieht. Oder könnte ich mich auch ganz klein machen oder gar in Luft auflösen? Das ging leider nicht.

Natürlich kam es wie es kommen musste. Auf der Straße trafen wir den tollsten Jungen meiner Klasse. Ich wäre am liebsten im Erdboden versunken. „Oh, eine Fahrradtour macht ihr", sagte er. „Ja, brumm brumm", entgegnete ich, mit dem Gesicht zum Boden. Am Montag werde ich bestimmt zum Gespött der Schule gemacht werden.

Märkische Heide, märkischer Sand

Nun ging es los zu der Tour. Wolfgang war total glücklich, meine Mama schien es aber auch zu sein. So ein Mist, dachte ich mir. Sie teilt sein Hobby. Wolfgang trällerte fröhlich seine Lieblingslieder vor sich hin. „Märkische Heide, märkischer Sand..." – war das peinlich... und dann kannte er so alte Lieder. „Wem Gott will rechte Gunst erweisen..." ertönte seine Stimme und einige sangen mit. War das hier ein Kirchenchor? Wolfgang fühlte sich wohl und zeigte mir seine Lieblingsstellen im Land Brandenburg. Ihm schien es zu gefallen.

Nachdem wir lange geradelt waren, konnte ich nicht mehr. Es gab zwar eine Pause, aber dann mussten wir wieder los. „Wie lange noch?", fragte ich. Und Wolfgang sagte: „Wir haben nur noch 10 km vor uns." Ich war entsetzt – „Was?", schrie ich. „Ich kann aber nicht mehr." „Nun stell dich nicht so an", meinte

Wolfgang. „Ich radele oft 80 km am Tag, da wirst du wohl mal 22 km schaffen." Idiot, dachte ich mir.

Dann versuchte Wolfgang mich aufzuheitern und mit einer kleinen Krokodilshupe für Spaß zu sorgen. Ich fragte ihn: „Warum hast du denn keine normale Fahrradklingel?" „Ach, mit so einer Quietschehupe ist es doch viel lustiger", fand er. Ich fand das aber kindisch und unpassend, schließlich war er schon fast im Rentenalter.

Wer bekommt dein Geld

Ich versuchte alles zu geben und war froh, dass wir endlich wieder eine Pause machen konnten. Als wir die tollen Pausenbrote verspeisten, dachte ich mir, dass es mal wieder Zeit für eine Provokation sei. Ich fragte also Wolfgang: „Ist Fahrradfahren eigentlich gefährlich?" „Manchmal", erwiderte er. „Ist dir schon einmal was passiert?", fragte ich weiter. „Nur einmal", sagte Wolfgang. „Mmmmh, kann man beim Fahrradfahren auch sterben?", wollte ich nun wissen. Wolfgang zuckte zusammen. „Durchaus". „Wenn du jetzt beim Fahrradfahren sterben würdest, wer würde dann all dein Geld bekommen?", wollte ich von ihm erfahren. Wolfgang fand die Frage gar nicht lustig. „Also, erstens sterbe ich nicht beim Fahrradfahren und zweitens geht dich das gar nichts an!", fuhr er mich an. Ich hatte ihn mal wieder provoziert. „Naja, aber es ist doch durchaus gefährlich, meintest du", entgegnete ich. „Bekomme ich dann etwas von deinem Geld?", sprudelte es aus mir heraus. Wolfgang war wütend. „Also ich lebe ja, wie du siehst" und „nun ist gut mit diesem Gespräch!" „Steig lieber auf das Fahrrad und sieh zu, dass du etwas schneller fährst."

Ich versuchte mit viel Anstrengung, die letzten Kilometer zurück zu radeln. Für Wolfgang war es eine Genugtuung, wie ich mich anstrengen musste. Und auf dem Bahnhof gab es dann wieder seine Körnerbouletten und Ingwertee. Aber wie heißt es: „Zur Not frisst der Teufel Fliegen." Angeblich waren es nur 22 Kilometer, aber bestimmt hat mich Wolfgang reingelegt. Es waren mit Sicherheit doppelt so viele.

Wolfgang: Wenn Du stirbst

Die Gespräche mit Katharina waren immer wieder herzerfrischend. Manchmal war ich ja naiv und dachte, sie würde sich für mein Leben interessieren. So fragte sie mich völlig unerwartet auf der Radtour. „Du fährst doch viel Fahrrad – ist das nicht gefährlich?" Ich war ganz gerührt über so viel Anteilnahme. Dann fragte sie mich allerdings weiter: „Du hast doch viel Geld?" Mir war der Zusammenhang mit dem Radfahren nicht ganz klar und ich spürte keine Veranlassung, mit ihr über meine Vermögensverhältnisse zu sprechen. Ich antwortete also ausweichend, als sie zur dritten Frage ansetzte: „Wer bekommt denn alles, wenn du stirbst. Kriege ich auch was?" Nun war mir der Hintergrund der Fragen klar. Offenbar dachte sie darüber nach, ob ich nicht doch eine Bereicherung ihres Lebens sein könnte.

Tatsächlich war es merkwürdig und fast absurd: Ich wurde ein Teil ihres Lebens, obgleich die Beziehung zwischen uns von heftigen Streitigkeiten und einer großen Reserviertheit geprägt war. Und so überraschte und freute es mich sehr, dass ich zu ihrem Geburtstag eingeladen wurde.

Katharina: Mein Geburtstag

Meine erste Geburtstagsfeier mit Wolfgang stand an. Ich hatte aus mehreren Gründen Bammel vor der Familienfeier anlässlich meines Geburtstages: Meine Familie, die manchmal Vorbehalte gegenüber Wessis äußerte und mein richtiger Papa, der zusammen mit Wolfgang auf meiner Geburtstagsfeier sein würde. Ich fragte mich, ob sich mein Papa wohlfühlen würde. Schließlich war Wolfgang anwesend, der das Alter meines Opas hatte. Eigentlich war mir gar nicht wirklich nach Feiern zumute.

Meiner Mama sagte ich, dass ich das Aufeinandertreffen von Wolfgang und meinem richtigen Papa komisch finden würde. Ich fragte sie, ob Wolfgang tatsächlich bei meiner Geburtstagsfeier dabei sein müsse. Sie sagte: „Ach Katharina, natürlich wird Wolfgang dabei sein. Es ist doch kein Problem. Wir werden uns schon alle verstehen." Ich hatte dennoch mehr Bauchschmerzen als alles andere. Als am Nachmittag mein Papa kam und Wolfgang ihm die Tür aufmachte, spürte ich einfach nur eine wahnsinnige Spannung. Allerdings war ich mir nicht sicher, ob alle das gleiche Gefühl hatten wie ich. Wolfgang stellte sich dann meinem richtigen Papa vor.

Ich fragte mich, ob mein Papa auch fand, dass Wolfgang viel zu alt sei und eigentlich mein Opa sein könnte. Die beiden murmelten: „So, nun lernen wir uns einmal kennen." Alles eigenartig, fand ich. Ich hoffte, dass mein richtiger Papa und Wolfgang nicht zu nah beieinander sitzen würden. Dann müssten sie ja miteinander reden. Zum Glück saßen mein richtiger Papa und Wolfgang am jeweils anderen Tischende.

Wessi-Witze

Während des Kaffees erzählte meine Familie einige Wessi-Witze. Alle lachten - bis auf Wolfgang. Er stand auf und entschloss sich, etwas in einem Bücherregal zu suchen. Ich fand das irgendwie merkwürdig. Dann wollte sich Wolfgang plötzlich einen Moment hinlegen. Wie sonderbar, dachte ich mir. Fühlte er sich etwa nicht wohl? Er sollte sich auch nicht wohlfühlen. Dann kam die Quizzeit. In meiner Familie ist es eine Tradition, dass zu jeder Geburtstagsfeier ein Quiz vorbereitet wird. Der Gewinner bekommt neben der Anerkennung und der familiären Bewunderung auch noch ein kleines Geschenk. Wir starteten mit den ersten Fragen. Wolfgang schaute irritiert, obwohl er diese Quizzeit schon von anderen Familienfeiern kannte. Die Fragen waren mal wieder besonders schwer, kamen sie doch von meiner Tante, die Biologin ist. An den kniffeligen Fragen hatten alle Spaß. Alle bis auf Wolfgang. Der wirkte genervt und sagte: „Aha, wie wichtig diese Dinge zu wissen."

Die Familientraditionen

Ich wusste es, Wolfgang passte einfach nicht in unsere Familie. Er versteht nichts von Familientraditionen. Er gehört nicht dazu. Ich fragte mich, was mein richtiger Papa von ihm denken würde. Mein richtiger Papa verstand schließlich etwas von unseren Traditionen.

Mein Onkel gewann das Quiz. Ich überlegte, ob er einen Teil der Fragen von meiner Tante wusste. Woher sonst konnte er solch absurde Fragen beantworten: Wie schnell rennt eine Hyäne? Was ist der häufigste Familienname in Deutschland?

Danach aßen wir Abendbrot. Wolfgang stellte meinem richtigen Papa einige merkwürdige Psychofragen. Wie idiotisch dachte ich mir. Ich schaute Wolfgang verärgert an, doch er fragte mich nur ganz locker: „Was denn?" Ach Wolfgang, sagte ich zu mir. Aber immerhin hatte er das Abendessen recht gut hinbekommen. Das musste ich zugeben, etwas konnte er doch ab und zu. Loben wollte ich ihn trotzdem nicht. Sonst denkt er nachher noch, er würde dazugehören. Also, das geht nun wirklich nicht.

Allerdings war von all meinen Geschenken seines am schönsten. Eigentlich hatte er heute schon zwei Dinge richtig gemacht. Er hatte mir einen wunderschönen Bildband geschenkt, der mir viele Anregungen für meine Fotoleidenschaft gab. Ich fragte mich, woher Wolfgang manchmal so gute Geschenkideen kannte, obwohl er keine eigenen Kinder hatte.

Wolfgang: Wie schnell läuft eine Ameise?

Ich bin stark durch die Studentenbewegung geprägt worden. Dazu gehörte vor allem, dass man die engen Grenzen der Kleinfamilie überwindet und sich mit vielen Menschen vernetzt. Für mich gehört daher ein großer Freundeskreis zu den Säulen meines Lebens und so lade ich immer alle Freunde ein, um mit ihnen meinen Geburtstag zu feiern. Es wird gegessen, getrunken, geredet, gelacht und gesungen.

In der Familie von Katharina war dies völlig anders. Man feierte immer im Familienkreis und es gab feste Rituale. Der Höhepunkt waren die Intelligenzspiele, bei denen sehr entschlossen um die ersten Plätze gerungen wurde. Gelegentlich gehörte ich zu den Siegern, obwohl mir der notwendige Ehrgeiz dabei fehlte.

Die Rätselaufgaben

Besonders beliebt waren die Rätselaufgaben, die häufig von einem sehr bürgerlichen Bildungsideal durchdrungen waren. Mehrfach beteiligte ich mich mit eigenen Gesellschaftsrätseln, die immer einen großen Spaßfaktor hatten. Nicht alle Fragen waren dabei ernst gemeint.

Zwei Beispiele:

1. Wie schnell ist maximal eine Ameise
    a. 2 cm pro Sekunde
    b. 10 cm pro Sekunde,
    c. 1 cm pro Sekunde

2. Wie alt wird eine Eintagsfliege
    a. 3-12 Stunden
    b. 12-24 Stunden
    c. 1-3 Tage

Lösungen:
1a, 2c

> Es war nicht immer toll,
> aber insgesamt gut!
> *Eine Stieftochter*

> Der Einfluss von Stiefeltern
> wird unterschätzt!
> *Eine Stiefmutter*

Die zweite Patchworkphase: Die Annäherung

Katharina ist 11 und 12 Jahre alt. Sie geht zur Grundschule und dann auf das Gymnasium und spielt gern Klavier.

Wolfgang: Die Gewöhnung

Es erfordert einen hohen seelischen Aufwand, ständig gegen einen Menschen zu kämpfen, den man täglich trifft. Dies wäre vergleichbar mit dem Ausnahmezustand einer Armee, die immer in Bereitschaft ist. Das schafft man nur, wenn tatsächlich eine akute Bedrohung vorliegt. Aber zwischen mir und Katharina gab es keinen Krieg mehr. Es gab zwar gelegentlich Streitigkeiten und Animositäten - doch irgendwie kamen wir miteinander aus. Wir trafen uns morgens beim Frühstück und abends wieder beim Essen, wechselten ein paar Worte und am Wochenende gab es fast immer ein Ritual: Wir spielten Karten. Und allmählich gewöhnten wir uns aneinander. Das war keine große Sympathie, keine intensive Herzlichkeit, aber es bestand kein Ausnahmezustand mehr. Diesen Vorgang nennt man Habituation. Es ist die Gewöhnung an Reize, die sich ständig wiederholen. William Thorpe hat 1944 diesen Begriff eingeführt, er beschrieb damit die Tatsache, dass Warnsignale abnehmen, wenn Reize über längere Zeiten keine negativen Auswirkungen haben. Schließlich werden die Alarmsignale abgestellt.

Letztlich gewöhnen wir uns an das Unbekannte, das uns bisher störte und ärgerte. Jeder kennt das Phänomen: Man gewöhnt sich nach einigen Wochen an den Straßenlärm in der neuen Wohnung, an die neue Brille, an den implantierten Zahn. Und so gewöhnten wir uns auch aneinander, weil es zu keinen wirklichen Katastrophen kam und der Alltag Einzug hielt.

Es gab eher positive Faktoren: Ich kochte, war handwerklich halbwegs geschickt. Aber wichtig war vor allem, dass ich kein Familienmodell anstrebte. Ich hatte eine Partnerschaft mit der Mutter von Katharina. Doch ich akzeptierte, dass wir drei keine Familie waren. Katharina mochte ihren Vater, sie hatte zu ihm eine sehr vertraute Beziehung, besuchte ihn regelmäßig und verreiste mit ihm zusammen. Sie lehnte alles ab, was in unserem Zusammenleben einem Familienmodell geähnelt hätte. Das akzeptierte ich, alles andere wäre auch sinnlos gewesen. Katharina konnte man – abgesehen von einer Radtour – zu nichts überreden. Sie musste etwas wirklich wollen, sie musste überzeugt sein und ihr Angebot war: Wir sind eine Wohngemeinschaft und kommen halbwegs gut miteinander aus. Und nach den anfänglichen Kämpfen war dies ein Fortschritt.

Katharina: Der Retter in der Not

Die Beziehung zwischen Wolfgang und mir veränderte sich. Wolfgang half mir immer mehr bei verschiedenen Hausaufgaben und Schulprojekten und brachte sich mit guten Ideen ein. So zum Beispiel sollte ich einen Vortrag zum Thema ‚Scheunenviertel in Berlin' im Erdkundeunterricht halten. Ich erzählte zuhause von diesem langweiligen Thema und zu meiner Überraschung sagte mir Wolfgang, dass er Bücher zu diesem Thema habe. Am nächsten Tag brachte mir Wolfgang alles mit und berichtete mir auch gleich vieles über das Scheunenviertel. Es war wirklich erstaunlich. Zusammen arbeiteten wir das Thema aus und Wolfgang kann, im Gegensatz zu mir, zum Scheunenviertel noch heute einiges sagen.

Wolfgang: Die Schularbeiten

Eine der wichtigsten Veränderungen bestand darin, dass ich Katharina bei den Schularbeiten half. Ich erinnere mich vor allem an eine Hausarbeit über das Scheunenviertel. Ich las einige Bücher, schaute mir die Gegend an, recherchierte im Internet. Ich habe damals viel gelernt, während Katharina vor allem die Arbeit beenden wollte. Ihre Geduld war begrenzt. Aber sie war trotzdem in der Schule besser als ich.

Ich selbst habe kein Abitur und studierte mit einer Hochschulberechtigung, die ich auf Sonderwegen erreicht hatte. Deshalb nahm ich mir vor, mit Katharina zusammen zu lernen. Es hätte mich gefreut, wenn wir das Abitur gemeinsam bestanden hätten. In den Fächern Deutsch und Geschichte konnte ich den Anforderungen gut folgen. Aber in den Fächern Französisch und Mathematik gab ich bald auf, weil ich irgendwann nichts mehr verstand.

Katharina: Wenn es mir schlecht ging

Wenn es mir schlecht ging, kaufte mir Wolfgang meine Lieblingszeitschriften und kochte mir mein Lieblingsessen. Das war nicht nur praktisch, das war wirklich sehr nett von ihm. Damals wurde mir klar, dass meine beste Freundin ein viel schwierigeres Los gezogen hatte als ich, wenn es um das Thema Stiefeltern ging. Stets sagte sie zu mir: „Du kannst froh sein. Wolfgang macht doch viel für euch und außerdem ist er normal." Was sie mit normal meinte, versteht man nur, wenn man ihren Stiefvater Nobert kennt. Ein wirklich durch und durch skurriler Typ.

Meine beste Freundin musste mit dem Modell-LKW-Sammler von Geschäft zu Geschäft ziehen und auch Reisen zu bestimmten Messen unternehmen. Sie schien sich nicht dagegen durchsetzen zu können und klagte oft.

Wolfgang: Pflegen, wenn sie krank war

Mein Vater war sehr krank, meine Mutter schwierig, notgedrungen verfügte ich immer über die Fähigkeit, mich auf andere Menschen einzustellen und sie zu pflegen. Und da ich eine eigene Praxis hatte, konnte ich leichter Termine verschieben oder sogar absagen, wenn Katharina krank war. Deshalb übernahm ich des Öfteren ihre Betreuung und versorgte sie. Ich brachte ihr die Sportzeitung mit, die sie gern las, kochte und unterhielt mich mit ihr. Die Stimmung zwischen uns war dann immer recht entspannt. Und so sagte sie mir eines Tages: „Ich liebe dich nicht, aber es ist doch sehr praktisch, dass du da bist." Das war damals ein dickes Lob, ein tolles Kompliment.

Katharina: Die Normalisierung

Irgendwann verliert man das Interesse, ständig gegen jemanden anzukämpfen und stellt fest, dass das nichts bringt, vor allem, wenn der Andere nur etwas Positives für einen möchte. Es ist zwar natürlich, einen Stiefelternteil als Feind anzusehen, aber nicht für immer. Es muss auch der Zeitpunkt kommen, an dem man erkennt, ob der Stiefelternteil gut für einen ist oder nicht. Die Fragestellung sollte also sein: Warum kämpfe ich? Gegen was kämpfe ich an? Ist das, was mich stört, so signifikant? Bin ich eigentlich fair?

Wolfgang war sicherlich anders als meine Familie, dachte anders und hatte andere Meinungen. Das musste aber nicht schlecht oder falsch sein. Es ist immer eine Bereicherung, neue Meinungen oder Ideen im Leben zu erfahren. Als junges Kind weiß man das nicht, aber als Teenager wusste ich nun umso mehr, dass ich Wolfgangs Einfluss schätzen konnte.

Wolfgang war immer da, also zumindest meistens. Die Macken, die er hatte, konnte ich nicht ändern und irgendwie schien sich meine Mutter auch nicht von ihm trennen zu wollen. Ich musste mich also mit ihm arrangieren. Oder er sich mit mir? Wolfgang bemühte sich sehr viel in unserer Beziehung. Wenn ich krank war, kochte er etwas und wenn ich schwierige Schulprojekte hatte, versuchte er, mich dabei zu unterstützen. Das Besondere hierbei war aber, dass Wolfgang es nicht nur versuchte oder es tat, um bei meiner Mutter einen besseren Eindruck zu hinterlassen oder weil ihm gar langweilig war. Wolfgang hatte tatsächlich Interesse an mir und nahm jede Herausforderung an.

Wolfgang: Geht mir einfach aus dem Weg

Die Beziehung mit Katharina verbesserte sich zunehmend. Wir fanden eine neue Basis. Aber es war wie auf dünnem Eis. Unkompliziert war es nicht. Die Beziehung konnte vormittags ganz herzlich sein, mittags war sie schlecht, abends halbwegs gut. Als Katharina in die Pubertät kam, waren Stimmungsschwankungen normal. Manchmal schleuderte sie mir fast unvermittelt ihre schlechte Laune entgegen. Diese Wechselhaftigkeit empfand ich mitunter als recht belastend. Ich mochte zwar Katharinas Lebensinteresse - sie war sehr kreativ und es war immer sehr spannend, mit ihr zu reden. Außerdem bewunderte ich ihre sozialen Fähigkeiten. Sie ging schnell auf Menschen zu, schloss Freundschaften. Sie galt immer als sehr freundlich und höflich. Aber zuhause war sie manchmal doch ziemlich unerträglich.

Katharina: Heute so, morgen so

Na klar, manchmal war ich schlecht gelaunt. Aber muss man alles auf die Goldwaage legen? Erwachsene sind teilweise so schrecklich empfindlich. Für einen Teenager ist kein Tag normal. Jeder Tag ist ein reines Auf und Ab. Dafür müssten doch Erwachsene eigentlich volles Verständnis haben. Wozu wurde ich also von ihnen gemaßregelt?

Wolfgang: Ich habe viel gelernt

Trotz der Stimmungsschwankungen von Katharina entspannte sich unsere Beziehung. Sie verbesserte sich auch deshalb, weil ich mich innerlich dieser Herausforderung stellte. Ich akzeptierte die Tatsache, dass es immer wieder Schwankungen gab. Das war ich auch bei allen Projekten gewohnt, die mein Leben prägten. Alle Buchprojekte dauerten Jahre, manchmal sogar Jahrzehnte. Und der Erfolg war oft launisch. Aber ich lernte dabei vor allem: Man muss durchhalten. Man sollte ruhig den eigenen Weg gehen und nicht immer auf den äußeren Erfolg angewiesen sein. Diese Einstellung half mir auch in der Beziehung mit Katharina.

Natürlich regte ich mich manchmal auf. Katharina konnte mich dermaßen provozieren, dass ich regelrecht rot sah. Anfänglich zog ich mich dann immer zurück und redete nicht mehr mit ihr. Besser gesagt: Ich zog mich in meine Welt zurück. Ich schrieb Bücher und tauchte mehr in jene Welt ein, in der ich willkommen war und Anerkennung erhielt. Jede Woche führte ich Interviews mit Journalisten und war ein Experte in Rundfunksendungen. Doch am wichtigsten waren für mich die Gespräche mit

Freunden. Ich redete zwar auch mit Susanne, aber sie war natürlich immer parteiisch. Also traf ich mich regelmäßig mit meinem besten Freund und beschwerte mich bei ihm über diese ‚Kröte', die mir das Leben schwer machte.

Diese Gespräche erleichterten mich und ich lernte es zunehmend, vieles eher gelassen zu nehmen und mich nur noch begrenzt aufzuregen. Schließlich gelang es mir sogar, die Konflikte geschickter zu bewältigen. Das schaffte ich aber nur, weil ich Katharina als Lebensaufgabe ansah. Ich wusste, dass ich mich schneller durchsetzen musste. Ich musste regelrecht üben, viel souveräner mit den Konflikten umzugehen. „Entweder lerne ich das oder ich gehe unter", kündigte ich hellsichtig einem guten Freund an. Und tatsächlich war es mir im Laufe der Zeit möglich, bei Konflikten schneller zu reagieren. Ich konnte mich zudem offensiver verhalten, wenn sie mich frontal angriff, wenn ich manches als Provokation und Beleidigung empfand. Ich musste aber auch einsehen, dass ein solches Verhalten in der Pubertät normal ist. Oft kam Katharina nach fünf Minuten und sagte, es täte ihr leid. Und dann war es wichtig, dass ich wieder auf sie zuging. Letztlich musste ich also meine Konfliktfähigkeit sehr trainieren. Innerhalb weniger Minuten musste ich von Konflikt auf Friedlichkeit umschalten. Früher brauchte ich Tage, um zu reagieren und innerlich einzulenken.

Durch Katharina lernte ich, dass ein Konflikt nach einigen Minuten oder Stunden vorbei sein konnte. Dann trat wieder eine gewisse Normalität ein. Insofern bekam ich eine völlig andere Einstellung zu Konflikten. Früher empfand ich sie eher als lästig, doch nun begriff ich, dass Konflikte für Katharina wichtig waren. Es war entscheidend, dass sie sich an meinen Reaktionen reiben konnte. Es war notwendig, dass sie die Wirkung ihrer Worte, ihrer Affekte abschätzen lernte. Es war erforderlich, dass ich gelegentlich auch meinen Ärger und meine Verwundbarkeit zeigte und ihr signalisierte, dass sie über das Ziel hinausgeschossen war. Und schließlich machte ich die Erfahrung: Wenn man sich manchmal ordentlich streitet, entsteht eine ehrliche Beziehung, die sehr belastungsfähig ist.

Katharina: Die Kunst des Streitens

Warum war ich eigentlich immer auf Streit aus? Das ist eine interessante Frage, die ich nicht leicht beantworten kann. War es vielleicht die Möglichkeit, Konflikte mit Wolfgang auszuleben, die ich mit anderen (z. B. den Lehrern oder den eigenen Eltern) nicht austragen konnte? Bei Wolfgang hatte ich mit keinen Konsequenzen zu rechnen, zumindest wäre die schlimmste Konsequenz gewesen, dass ich Wolfgang nicht mehr sehen würde und das fand ich manchmal nicht so schlimm. Es ist sehr spannend zu sehen, wie oft man sich streitet oder streitsüchtig wird, wenn man sich vollkommen frei fühlt und mit keinen negativen Konsequenzen rechnen muss.

Wolfgang versuchte oft, eine anschwellende Aggressivität mit dem folgenden Satz zu entschärfen: „Katharina, was gab es denn heute zum Mittagessen?" Diese Frage brachte mich aus dem Konzept, schließlich rechnet man damit nicht und wird in seiner Wut gebremst. Wolfgang hatte sich also eine sehr clevere Strategie einfallen lassen, um die Situation zu entschärfen.

Wolfgang: Katharina, Kathie, Kathinka

Ich war schon immer dafür bekannt, dass ich Streitsituationen durch unerwartete Fragen auflösen konnte. „Wie geht es dir, was hast du gegessen, was machst du am Wochenende, bist du glücklich?", fragte ich unvermittelt und schob damit ein Thema in eine völlig andere Richtung. Das konnte eine angespannte Stimmung entschärfen. Das gelang mir zunehmend auch in der Beziehung mit Katharina. Aber von einer Normalität war unser Zusammensein dennoch weit entfernt. Meist war Katharina vorsichtig-zurückhaltend. Ich war immer neidisch, wenn sie ihren Vater lange umarmte. Von gelegentlichen Annäherungen abgesehen, war sie bei mir doch ziemlich reserviert.

Wir umarmten uns nicht, ich sprach sie auch nicht – wie alle anderen Familienmitglieder – mit ihrem Kurznamen ‚Kathie' an. Ich erfand daher einen neuen Namen: Kathinka. Das ist die russische Version von Katharina. Doch dann vergingen die Jahre, wir begannen bereits mit der Planung der Jugendweihe und allmählich entspannte sich die Beziehung. Und immer häufiger sprach ich sie mit Kathie an.

Katharina: Oh Gott – diese Kleinigkeiten

Wolfgang waren Rituale wichtig, aber ich legte darauf nie viel Wert. Bei den Freundinnen achtete ich schon darauf: Wie sie mich ansprachen, grüßten und umarmten hatte für mich eine große Bedeutung. Aber bei Wolfgang war mir das egal und dann war vieles auch ganz einfach selbstverständlich. Die Beziehung hat sich im Laufe der Jahre unmerklich entspannt. Und – ach ja … inzwischen umarmen wir uns manchmal vorsichtig. Das hat sich so ergeben.

Wolfgang: Ich war stolz auf sie

Katharina konnte sehr herzlich sein, dann aber wieder sehr verstimmt. Aber meist war sie doch gut gelaunt und eher selbstbewusst, sie hatte die Fähigkeit, sich gut zu präsentieren. Das zeigte sich auch bei einem Lesewettbewerb, an dem sie teilnahm.

Immer wieder trug sie zuhause ihren Text vor, immer wieder bestätigten wir ihr, dass sie wunderbar sei. Wir klatschten Beifall und waren überzeugt: Wenn die Jury nur ein wenig Augen im Kopf und über hinreichend Verstand verfügen würde, müsste man ihr den Preis geben. Und so war es auch: Sie kam mit einer Urkunde nach Hause und hatte den ersten Preis gewonnen. Ich war so stolz auf sie, als wäre ich selbst der Gewinner gewesen.

Katharina: Die Urkunde

In der Schule wurde einmal im Jahr ein Lesewettbewerb angekündigt, an dem ich auch teilnahm. Ich war sehr aufgeregt und übte zuhause immer und immer wieder. Ich las häufig Wolfgang und meiner Mutter laut vor. Tatsächlich wurde ich die beste Vorleserin, was nicht nur meine Mutter, sondern auch Wolfgang sehr stolz machte.

> Wir kommen super miteinander aus.
> *Ein Stiefsohn*

> Ich liebe meine Stieftochter genauso
> wie meine eigene Tochter.
> *Ein Stiefvater*

Die dritte Patchworkphase: Unruhige Entspannung

Katharina ist jetzt zwischen 13 und 18 Jahre alt, geht auf das Gymnasium und möchte gern das Abitur machen.

Wolfgang: Mein Geburtstag

Ich lebte in einem guten sozialen Netzwerk mit einem großen Freundeskreis, sodass ich halbwegs entspannt mit den Distanzphasen von Katharina umgehen konnte. Doch diese Distanzhaltung von Katharina weichte zunehmend auf. Dazu gehörte vor allem, dass sie mit 13 Jahren zum ersten Mal an meinem Geburtstag teilnahm. Der Höhepunkt meines sozialen Lebens ist immer mein Geburtstag, zu dem ich mehr als fünfzig Freunde und Kollegen einlade. Und ein ganz besonderer Gast war Katharina, die an diesem Abend mit vielen Freunden redete und auf alle einen sehr aufgeweckten und liebenswürdigen Eindruck machte. Noch tagelang sprachen mich viele auf diese ‚nette Tochter' an.

Katharina M.: Die große Feier

Wolfgangs Geburtstag findet immer in seiner schönen Wohnung statt. Er lädt jedes Jahr wahnsinnig viele Leute aus verschiedenen Kreisen ein. Irgendwie finde ich das abgefahren. So viele

Leute, denke ich mir. Woher kennt er die nur? Und warum wollen die alle ihn sehen? Nachdem ich mich erfolgreich in den letzten Jahren vor seiner Geburtstagsfeier gedrückt hatte, musste ich nun zum ersten Mal dorthin gehen. Meine Mama wollte es so und manchmal muss ich leider machen, was meine Mama mir sagt. Irgendwie hatte ich Bammel vor den ganzen Leuten.

In seiner Wohnung warteten meine Mama und ich auf die Gäste. Ein paar Gesichter kannte ich, einige Namen sagten mir etwas aus Erzählungen. Es gab tolles Essen und einen riesigen Tisch mit lauter Süßigkeiten und Obst. Viele Gäste begrüßten mich herzlich: „Ach, du bist Katharina?" Ich dachte mir, oh je, was die wohl von mir wussten, all die Geschichten von zuhause? Sein bester Freund kam zu mir und meinte, es sei ja ziemlich schwierig, Wolfgang anzurufen. Wahrscheinlich würde ich gern telefonieren ... Offenbar erzählte er alles? Wusste sein Freund auch, dass Wolfgang kürzlich genervt nach Hause gefahren war, nachdem ich ihn stundenlang provoziert hatte? Mir war es sehr peinlich, wegen mir war Wolfgang gelegentlich so verletzt, dass er einfach nach Hause fuhr. Der Arme, dachte ich mir. Bin ich vielleicht manchmal zu gemein?

Während der Feier lernte ich viele interessante Leute kennen. Einige boten mir ihre Hilfe bei Schulprojekten an. Ich dachte, wunderbar, endlich habe ich mal etwas von Wolfgang. Auch musste ich zugeben, dass Wolfgang anscheinend viele tolle Leute kennt und er bei anderen Menschen beliebt war.

Wolfgang: Der Unfall

Die Beziehung mit Katharina wurde in dieser Zeit besser. Unsere Stimmung war manchmal aufgelockert, manchmal aber auch wieder angespannt. Doch dann gab es eine Situation, in der sich unser Zusammenleben grundlegend änderte. Katharina hatte im Urlaub einen schweren Verkehrsunfall erlitten. Tagelang bangten wir um sie, wir wussten nicht, ob und wie sie das überleben würde. Glücklicherweise stellte sich aber heraus, dass sich ein Schutzengel intensiv um sie kümmerte. Sie hatte keine inneren Verletzungen oder Knochenbrüche. Sie klagte nur über riesige blaue Flecke und ihre Kamera war zu Bruch gegangen - ich schenkte ihr eine neue, als sie aus dem Krankenhaus kam. Viele Jahre bekam ich immer wieder E-Mails, an die sie Bilder mit dem Hinweis angehängt hatte: „Mit deiner Kamera fotografiert."

Katharina war in diesen Jahren häufiger krank. Aber der Unfall war die erste Situation, in der ich ernsthaft Angst um sie haben musste. So schlimm wie dieses Erlebnis war, zeigte es mir aber doch, wie wichtig sie mir inzwischen geworden war.

Katharina: Den Tod vor Augen

Ein Wendepunkt in unserer Beziehung war sicherlich mein schwerer Verkehrsunfall. Den Tod vor Augen zu haben, verändert einen Menschen. Ich war körperlich nach meinem Verkehrsunfall zwar nicht schwerwiegend verletzt, dennoch aber schwächer und sehr mitgenommen. Die vielen Narben und Blessuren an meinem Körper waren für mich nur schwierig zu ertragen. Auch hatte ich oft Albträume und irgendwie fühlte ich mich einfach nicht gut. In den Monaten nach meinem Verkehrsunfall veränderte ich mich und entwickelte aus meiner Bedürftigkeit heraus auch ein engeres Verhältnis zu Wolfgang. Ich war nicht mehr zu Provokationen aufgelegt und wollte diese ganzen Streitigkeiten nicht mehr. Es erschien mir sinnlos, die Zeit so miteinander zu verbringen. Wolfgang kümmerte sich in der Zeit sehr um mich. Er kochte für mich und sprach mir Mut zu.

Wolfgang: Der Typ aus dem Westen

Nach dem Unfall veränderte sich die Beziehung mit Katharina. Sie war zwar noch immer etwas reserviert. Ich besuchte sie nicht im Krankenhaus und umarmte sie nur sehr verhalten, als sie wieder zuhause war. Dennoch war deutlich, dass ein Ruck durch die Beziehung ging, der plötzlich frühere Bedenken und Animositäten wegfegte. Immer stärker, immer intensiver entwickelte sich nun eine Art Freundschaft. Doch nicht nur die Beziehung zu Katharina wurde intensiver. Langsam wurde ich auch ein selbstverständlicher Teil der Familie. Das war erstaunlich, denn für die gesamte Familie war ich zunächst eine Herausforderung. Katharina war im Osten aufgewachsen, ich im Westen. Genauer gesagt: Als Kind bin ich teilweise in der Mark Brandenburg aufgewachsen, aber ich ging in West-Berlin zur Schule und war ein WESTLER. Für alle Menschen aus dem Osten kam ich aus einer anderen Welt.

Als Katharina 10 Jahre alt war, schaute sie eines Tages aus dem Fenster jener Wohnung, in der die Großeltern lebten. Der Blick ging in den Bezirk Kreuzberg – also in den Westteil der Stadt. „Dort will ich nicht hin – das interessiert mich nicht", war ihre klare Ansage. Aber nun lebte ihr erster Freund in West-Berlin. Und als ich sie darauf ansprach, dass er ein Westler sei, antwortete sie lakonisch: „Ist doch egal." Die Ost-West-Thematik spielte für sie keine Rolle mehr. Irgendwann fragte sie mich dann, wo denn der Grenzverlauf gewesen sei. „War das an der Oper?" Sie hatte sich um zwei Kilometer geirrt. Ich wusste noch genau, wo die Mauer stand, aber für sie war das nicht mehr so wichtig.

Katharina: West-Ost

Wolfgang als Wessi hatte andere Ansichten als meine Familie. Er war selbstbewusster, schrieb Bücher und hielt Vorträge. Er packte Sachen an und das wirkte auf mich oft befremdlich, schließlich war ich selbst ängstlich und wagte vieles nicht, obgleich ich nach außen eine große ‚Klappe' hatte. Wenn es darum ging, verschiedene Dinge auszuprobieren, war Wolfgang ganz anders, er versuchte es einfach. Ich hingegen war sehr zögerlich und traute mir zahlreiche Dinge nicht zu.

Wolfgang: Gespräch im Internet

Als Katharina in der Pubertät war, chattete sie abends oft sehr lange. Ich lag bereits im Bett und wollte schlafen und hörte im Nachbarzimmer das Klappern der Tastatur. Katharina befand sich häufig in einer virtuellen Welt und redete mit uns immer weniger. Also loggte ich mich eines Tages in ihren Chatroom ein. Ich hatte ihr bei allen Computerproblemen geholfen, kannte ihren Chatnamen und stellte ihr viele Fragen. „Was machst du denn so? Wie geht's? Wie ist das Wetter bei dir?" Ich fragte so unbekümmert neugierig, wie ich dies auch bei Fremden gewohnt bin. Vielleicht ist dies die Eigenart von Psychotherapeuten, jedenfalls fragte ich sie, wie es ihr in der Schule ginge, ob sie schon einmal verliebt war, was ihre Lebensträume sind.

Katharina antwortete munter, endlich führten wir ein intensives Gespräch. Sie wusste natürlich nicht, dass ich nebenan saß. Wahrscheinlich rechnete sie mit einem Chatter in ihrem Alter. Und so ergab sich eine sehr entspannte ‚Plauderei'. Aber witzig war unser Kontakt schon, denn entweder klapperte ihre Tastatur oder meine. Das ging so zehn Minuten, dann erkundigte sie sich nach meinem Beruf. „Ich helfe Menschen, ich bin ein Psychologe", antwortete ich ihr. Sie stutzte und jetzt verriet ich ihr mein Alter. Sie schwieg und ich stellte weiterhin Fragen: „Was willst du später werden? Wie geht es dir denn so zuhause? Was geht gut, was könnte besser gehen?" Das war nun wirklich zu viel, ihr schwante längst, dass hier etwas nicht stimmte. Das Klappern der Tastatur hörte auf und schließlich fragte sie: „Bist du Wolfgang?"

Der Ansprechpartner

Aber es gab doch Situationen, in denen tiefgründige Gespräche – auch ohne Internet - mit Katharina möglich waren. Meine Partnerin musste oft Wochenenddienste absolvieren, ich blieb an diesen Tagen zuhause, kochte und war Ansprechpartner für Katharina. Gern verzichtete ich auf meine Radtouren, weil ich das Gefühl als so kostbar empfand, für Katharina da zu sein. Allerdings war dies Erlebnis noch intensiver, wenn ihre Mutter Nachtdienste absolvieren musste. Es war für mich ein ungewohntes und sehr bewegendes Gefühl, für einen so jungen Menschen verantwortlich zu sein. Ich war damals erst Anfang 50 und trotzdem beruhigte mich der Gedanke, dass mich Katharina überleben würde. Meine Gespräche mit ihr, mein Einfluss auf sie, unsere Beziehung würden weiterleben.

Katharina: Chatten mit Wolfgang

Wolfgang war zwar schon über 50 Jahre alt und trotzdem verhielt er sich manchmal wie ein Witzbold und chattete mit mir im Internet. Und merkwürdig war es für mich am Anfang auch, dass nur Wolfgang da war, wenn meine Mutter Nachtdienst hatte. Meine Mutter kam abends immer an mein Bett und wir redeten dann sehr lange miteinander. Wolfgang sagte ich nach dem Zähneputzen: „GUTE NACHT" – und verschwand in meinem

Zimmer. Aber insgesamt verstand ich mich gut mit ihm an diesen Abenden. Nur wir beide – das ging ganz gut.

Wolfgang: Die Pubertät

Die Beziehung mit Katharina entspannte sich zunehmend und wurde dann jedoch entscheidend durch ihre Pubertät geprägt. Genauer gesagt: Sie war bereits seit einigen Jahren in der Pubertät, die aber langsam dem Höhepunkt zustrebte. Das war nicht nur ein hormoneller Vorgang, sondern vor allem die Suche nach dem eigenen Lebensweg. Deshalb sagte Sartre: „Die Jugend hat Heimweh nach der Zukunft." Dazu braucht man die Wurzeln des Elternhauses, aber auch Vorbilder, die uns anregen, neue Wege zu gehen. Und diese Vorbilder findet man eher außerhalb des Elternhauses, denn man will die vermittelten Normen überwinden und andere Ziele kennenlernen. Hier wurde ich gerade deshalb wichtig, weil ich nicht Teil der Ur-Familie war. Und nun gab es eine ganze Reihe von Projekten, die unsere Beziehung prägten.

Der Betriebswirtschaft-Kurs

Als Katharina 15 Jahre alt war, fragte sie mich, ob sie nicht einen Kurs über Betriebswirtschaft bei mir absolvieren könne. Mit einem Termin in der Woche und einem abschließenden Zertifikat. Katharina interessierte sich vor allem für alle psychologischen Themen, die in einem Betrieb wichtig waren. Es sollte sich um etwa 20 Termine handeln. Wir begannen mit den Themen Marketing und Geld, wir redeten über Personalführung, Eignungsdiagnostik, über Arbeitsstörungen, Gruppenprozesse und Zeitmanagement. Es war ein sehr lebenspraktischer Kurs. Und am Ende bekam sie von mir eine Urkunde.

Hiermit bestätige ich,

dass Katharina im Zeitraum April bis Juni 2002 an einem
20-stündigen Kurs

<u>Grundlagen der Betriebswirtschaft</u>

mit folgenden Vertiefungen:
Marketing und Werbepsychologie
Personalpsychologie
Organisationsprozesse
Mitarbeitergesprächsführung
erfolgreich teilgenommen hat

Dr. Wolfgang Krüger
Kursleiter

Katharina: Meine Vorschläge

Mir sind im Leben immer wieder Projekte eingefallen. So hatte ich mit 15 Jahren den Wunsch, etwas mehr über Betriebswirtschaft zu erfahren, da ich in Erwägung zog, Tourismus zu studieren. Wolfgang hatte Betriebswirtschaft studiert, daher kam mir die Idee, dass er mir darin doch etwas beibringen könnte. Wolfgang war sehr begeistert und nun setzten wir uns zuhause regelmäßig zusammen und sprachen über betriebswirtschaftliche Themen. Ich freute mich über die abschließende Urkunde.

Wolfgang: Psychotherapeut und Schriftsteller

Bald darauf machte sie mir einen weiteren Vorschlag: „Ich will selbstbewusster werden und Lebenserfahrungen sammeln. Ich bin zu wenig weltgewandt. Können wir nicht alle 14 Tage irgendwo essen gehen und du gibst mir das Geld und ich bezahle dann die Rechnung? So lerne ich, wie ich mich zu verhalten habe." Also lud ich sie regelmäßig ein, beispielsweise ins Walhalla, Sisaket oder Ratatouille.

Früher war ich immer der Partner ihrer Mutter, den sie verstecken wollte. „Hole mich bitte nicht von der Schule ab", hörte ich von ihr. Es sei ihr peinlich, ich war erheblich älter als ihre Mutter und sie fürchtete wohl, dass man mich als ihren Großvater ansehen würde. Doch nun wurde ich ihren Freundinnen als Psychotherapeut und Schriftsteller vorgestellt.

Katharina: Die internationale Küche

Als Jugendliche findet man es toll, coole Sachen auszuprobieren, so z.B. in verschiedene Restaurants zu gehen und unterschiedliche internationale Küchen auszuprobieren. Das war schon spannend, jedes Mal wählten wir ein anderes Restaurant aus: Indisch, spanisch, griechisch, italienisch. Wolfgang war dafür sehr zu haben und präsentierte mir einige seiner Lieblingsspeisen und zeigte mir auch ganz neue Gerichte, die ich vorher noch nicht gekannt hatte. Das machte mir sehr viel Spaß.

Wolfgang: Mein Mutterschlaf

Ich kümmerte mich um Katharina, denn ich hatte eine ausgeprägte Versorgungsmentalität und dazu passte mein Mutterschlaf. Ich konnte zwar gut schlafen, auch wenn in der Nachbarwohnung eine Fete gefeiert wurde oder in der Nähe ein Presslufthammer dröhnte. Aber wenn ich ein Kind hörte, das nieste, hustete und offenbar krank war, wurde ich sofort wach.

Deshalb wachte ich auch auf, sobald Katharina mitten in der Nacht nach Hause kam. Ich zog mir daher schnell den Bademantel an, ging in die Küche und fragte sie nach ihren Erlebnissen. Sie wirkte zwar manchmal fast erschrocken, wenn ich in der Küche stand. Wahrscheinlich hatte sie mich kaum gehört und sagte nur: „Du schon wieder ..." Aber dann entwickelte sich doch immer ein Gespräch und beruhigt ging ich schlafen.

Beruhigt war ich allerdings nur, wenn wir uns auf Regeln einigten. Ich war der Meinung, dass Katharina viele Gefahren noch nicht überblicken konnte. Also erwartete ich, dass sie abends anrief, wenn sie länger ausbleiben wollte. Ich wollte wissen, wo sie war, wie man sie erreichen konnte. Das Handy musste an bleiben und sie hatte immer etwas Geld dabei, um notfalls mit dem Taxi nach Hause zu fahren. Wir lebten zwar sehr zentral, aber in einer Plattenbausiedlung. Nachts war es dort eher finster und nicht ganz ungefährlich.

Katharina: Nächtliche Gespräche

Häufig bekam ich einen Schreck. Ich kam abends nach Hause und wer stand plötzlich in der Küche: Wolfgang! „Na – wie war's?", fragte er neugierig. Ich war noch ganz in Gedanken und antwortete: „Na – ging so." Und dann erzählte ich doch einiges und irgendwann zog er wieder ab ins Bett.

Wolfgang: Gespräche mit der Verwandtschaft

In meiner Kindheit hat man sich wenig um mich gekümmert. Es fiel kaum jemandem auf, wenn ich spät nach Hause kam. Aber als Katharina klein war, half die gesamte Verwandtschaft. Einer brachte Katharina zum Kindergarten, ein anderer machte mit ihr Schularbeiten und sie übernachtete oft bei einer befreundeten

Familie. Diese engen Bindungen waren sehr wichtig für Katharina und ein großer Glücksfall. Doch als Katharina in die Pubertät kam, erkundigte man sich nicht nur nach ihr. Vielmehr kamen drängende Fragen: „Wo ist sie denn, sie meldet sich nicht?" Manchmal hörte man auch einen gewissen Unmut heraus. Also führte ich unzählige Gespräche und dankte allen, dass sie sich so fürsorglich und kompetent um Katharina gekümmert haben. Und ich versuchte ihnen zu vermitteln, dass Katharina dabei war, die engen Familienbande etwas zu sprengen und sich für die größere Welt zu interessieren.

Ich erinnerte mich daran, wie sehr meine eigenen Jugendjahre von Ängsten, Zweifeln und Sorgen geprägt waren. Deshalb war ich emotional sehr davon berührt, wie entschlossen und kräftig sich Katharina entwickelte und hierin meiner Generation um Jahre voraus war. Ich warb daher um Verständnis dafür, dass sie sich nun mehr um ihr eigenes Leben kümmerte. Ich war überzeugt, dass sie sich irgendwann wieder bei allen meldete. Wir hatten ihr das Selbstbewusstsein gegeben, mit dem sie die Welt erobern würde und ich war mir sicher, dass sie immer an uns denken und zu uns zurückkehren würde.

Ich liebe dich

Inzwischen bahnte sich ein regelrechter Umschwung in unserer Beziehung an. Sie wurde intensiver und herzlicher und manchmal rief Katharina mir frech und provokativ entgegen: „Wolfgang, ich liebe dich!" Ich wurde zum Übungsfeld für ihre Gefühle und sie umarmte mich gelegentlich sehr heftig.

Katharina: Er kannte sich aus

Ich fing an Wolfgang zu mögen und begann auch mehr, etwas über meine Ängste mitzuteilen. Und nun stellte ich fest, dass Wolfgang bei vielen Themen Rat wusste und sich auskannte. Das Miteinander wurde für mich natürlicher und auch selbstverständlicher. Nicht ganz unwichtig war dabei das Internet. Da meine Mama und ich nicht sonderlich technikbegabt waren, halfen uns Freunde von Wolfgang immer wieder aus. Schließlich konnte man in jener Zeit ohne das Internet nicht mehr leben und Wolfgang war hier stets der Retter in der Not. Aber wichtig wurde er für mich vor allem bei persönlichen Themen.

Wenn ich Kummer in Bezug auf Freundschaften hatte, konnte ich Wolfgang um Rat fragen. Am Anfang natürlich nur zögerlich, aber mit der Zeit wurden unsere Gespräche immer intensiver. Zudem hatte Wolfgang für mich eine gute Familienposition, denn als Nichtelternteil machte er mir keine Vorschriften. Was meine schulischen Leistungen anging, hielt sich Wolfgang komplett raus, in der Jugendphase ist man letztlich froh, wenn man nicht ständig konfrontiert wird mit Fragen wie: Warum hast du denn in Physik schon wieder eine Fünf geschrieben, warum hast du im Deutschdiktat schon wieder so viele Fehler gemacht? Auch konnte ich aufgrund seiner Kontakte mein erstes Schulpraktikum in einer Produktionsfirma durchführen, was mir sehr viel Spaß machte. Ich habe dort viele interessante Leute kennengelernt und spannende Projekte mitgemacht.

Wolfgang: Die Rundfunksendung

Zum Jahreswechsel wurde ich zu einer Rundfunksendung eingeladen, bei der es um das Thema gehen sollte: „Was schenken wir Jugendlichen zu Weihnachten?" Dem Moderator machte ich den

Vorschlag, dass wir Katharina direkt zu Wort kommen lassen sollten. Dem stimmte er zu und sprach sie in der Sendung mit Katharina Krüger an, denn ich hatte immer davon gesprochen, sie sei meine Tochter. Ich war etwas erschrocken, da viele Verwandte zuhörten. Nach der Sendung fragte ich sie daher: „Warum hast du nichts gesagt?" Sie erwiderte unbekümmert: „Du kochst, machst Schularbeiten mit mir … da stört es mich nicht, wenn man mir deinen Namen gibt."

Mich hat diese unaufgeregte Reaktion von Katharina sehr beeindruckt. Sie zeigte mir, wie selbstverständlich unsere Beziehung inzwischen geworden war. Damit hatten sich jene Strukturen mit Leben gefüllt, die am Anfang eher wie formale Rituale wirkten. Bereits nach wenigen Monaten hatte ich Katharinas Mutter den Vorschlag gemacht, dass ich mich an den meisten Kosten beteiligen würde. Ich wollte nicht mit dem Vater konkurrieren. Aber bei Klassenfahrten, dem Zeugnisgeld, den Weihnachtsgeschenken teilte ich mir die Kosten mit ihrer Mutter. Insofern waren wir eine ‚Familie'. Doch den eigentlichen Zusammenhalt spürte ich vor allem in dieser Rundfunksendung. Natürlich war ich nicht ihr Vater – auch wenn man sie mit meinem Namen ansprach. Aber es war für mich ein Ausdruck der wachsenden Vertrautheit.

Katharina: Das war doch lustig

Eine Sache an Wolfgang fasziniert mich im Nachhinein sehr stark. Wolfgang hatte nie versucht, ein Vaterersatz oder ein Vater zu sein. Wolfgang sah sich in einer anderen Rolle. Während unserer Beziehung hat Wolfgang nie erwartet, dass ich ihn Vater oder Papa nennen würde. Auch versuchte Wolfgang nicht, sich in grundsätzliche Alltagsthemen belehrend einzumischen. Er brachte sich ein, aber dies geschah mehr in einer unterstützenden und interessierten Art. Wolfgang war eher vorsichtig-respektvoll. Das zeigte sich auch in einer Radiosendung, in der ich gelegentlich mit Wolfgangs Nachnamen anmoderiert wurde. Wolfgang fragte mich hinterher, ob mich das gestört habe. Als Jugendliche war mir das damals eigentlich völlig egal, ich fand es eher belustigend, dass der Radiomoderator nicht meinen richtigen Namen kannte.

Für Wolfgang aber ist dieser Tag bis heute noch eine große Sache und er erzählt oft davon. Ich kann dem nicht die gleiche Bedeutung beimessen, aber Wolfgang erfüllte es mit Stolz, dass mir das nach all den Jahren der Konflikte und meiner Missachtung nichts ausmachte. Fünf Jahre zuvor konnte ich noch nicht einmal zehn Minuten am gleichen Tisch mit Wolfgang sitzen, ohne dass eine Beleidigung fallen musste.

Wolfgang: Zusammen kochen

Als die Beziehung mit Katharina enger wurde, äußerte sie einen Wunsch: Lass uns bitte zusammen kochen. Diese Idee fand ich wunderbar. Gemeinsam kochen ist sehr entspannend: Der eine schneidet eine Zwiebel, der andere die Mohrrüben. Man kann, aber man muss nicht reden. Wir verabredeten uns also zum Kochen und das erste Gericht war eine schwäbische Nudelpfanne. Eine Kollegin aus Stuttgart hatte es mir beigebracht.

Unser Rezept: Man nimmt eine Zwiebel und 3 bis 5 Champignons, jeweils grob gewürfelt, anbraten, dann 1 Hühnerfilet klein schneiden und anbraten, dann 400 Gramm Sauerkraut in der Pfanne dünsten. Schließlich 400 Gramm Nudeln kochen, alles zusammenfügen und mit etwas Joghurt, Salz und Pfeffer abschmecken.

Dies Gericht ist nicht nur gesund und macht satt, sondern schmeckt auch so gut, dass es häufig auf unserem Speiseplan stand.

Katharina: Nudeln mit Tomatensoße

Zuhause gab es immer ein klassisches Gericht – Nudeln mit Tomatensoße. Als Kind mochte ich das sehr gern, aber ehrlich: Es hing mir langsam zum Hals heraus. Ich hatte Lust, auch mal ein neues Gericht zu essen. Daher fragte ich Wolfgang, ob wir nicht etwas Anderes kochen könnten. Das wollte er. So lernte ich die schwäbische Nudelpfanne zuzubereiten. Es war ein sehr entspannter und erfolgreicher Nachmittag und am Ende gab es ein leckeres Essen.

Wolfgang: Die Trennung

Die Beziehung zu Katharina wurde zunehmend enger, die Partnerschaft jedoch schwieriger. Das erstaunte mich, denn als meine Partnerschaft begann, war ich überzeugt: Es wird einfacher, wenn Katharina nicht mehr da ist. Ich freute mich meist sehr, wenn sich Katharina beim Vater oder bei der Großmutter aufhielt. Ich war also der Meinung: Wenn Katharina das Haus verlassen hat, lebt unsere Partnerschaft auf. Doch es kam anders. Die Beziehung zu Katharina wurde immer besser, die Partnerschaft schlechter. Nach neun Jahren kam es zur Trennung, wir hatten uns beide verändert und uns auseinander gelebt.

Die eigentliche Trennung wurde damals von meiner Partnerin ausgesprochen. Und in dieser Situation sagte Katharina sehr klar zu mir: Wenn sich meine Mutter trennt, ist das ihre Sache. Wir beide bleiben in Verbindung, unsere Beziehung bleibt erhalten. Wir trafen uns daher regelmäßig. Es gab nur eine Grundregel.

Sie wollte nicht, dass ich viel über ihre Mutter redete und wenn ich dies tat, schwieg sie dazu. „Egal, wie du sie findest – sie ist und bleibt meine Mutter", sagte sie zu mir.

Katharina: Wir bleiben zusammen

Eigentlich hatte ich mich an Wolfgang als Bestandteil unserer Familie gewöhnt. Obwohl wir uns nun alle verstanden, trennte sich meine Mutter. Ich war entsetzt und dachte: Das kann doch nicht sein. Ich beschloss daher - und das äußerte ich so auch offen - dass Wolfgang trotzdem weiter zu meinem Leben dazu gehören sollte. Nach all den vielen Kämpfen erschien es mir an der Zeit, dass er dazugehörte. Wolfgang war nun auch schon seit ‚ewigen Zeiten' Teil meines Lebens gewesen. Und da ich inzwischen seine Stärken schätzte, beschloss ich, weiter mit ihm Kontakt zu halten.

Wolfgang: Abitur und Studienwünsche

Ich blieb in einem engen Kontakt mit Katharina und wir redeten viel über unsere Interessen, wie es uns ging, über das bevorstehende Abitur und ihre Studienwünsche. Ich kannte viele Leute und vermittelte Katharina einige Gespräche mit Berufsexperten. Sie gewann einen tiefen Einblick in die Vor- und Nachteile verschiedener Berufe und fasste schließlich eine Entscheidung: Sie wollte Marketingmanagement studieren.

Katharina folgte damit meinem ersten Studium. Ich entstamme einer Kaufmannsfamilie und habe zunächst eine Ausbildung als Industriekaufmann absolviert, später habe ich Betriebswirtschaft und Volkswirtschaft studiert und arbeitete in einem Konzern. Doch dann spürte ich, dass mich viele Entscheidungen in moralische Konflikte bringen würden. Ich fragte mich, ob in dieser

Arbeit der Sinn meines Lebens liegen würde. Also fing ich noch einmal von vorn an und studierte Psychologie. Aber Betriebswirtschaft und Volkswirtschaft hatten mich immer fasziniert, über das Thema Geld schrieb ich ein Buch, in vielen Vereinen war ich Schatzmeister. Ich hatte es gelernt zu organisieren, verfügte über ein gutes Zeitmanagement und insofern verdankte ich meinem Studium viel. Deshalb begrüßte ich auch den Entschluss von Katharina, Marketingmanagement zu studieren.

Katharina: Berufsfindung Marketing

Ich bestand das Abitur und schon vorher war Wolfgang bei meiner Berufsfindung sehr unterstützend. Er kannte glücklicherweise viele Leute, vermittelte Kontakte, klärte mich über verschiedene Berufe auf oder kaufte mir Bücher über bestimmte Berufsfelder. Ich entschied mich schließlich für Marketing und studierte in einer kleinen Stadt, 300 km von Berlin entfernt.

> Stiefeltern sein ist wie einen Berg zu besteigen, aber es lohnt sich.
> *Ein Stiefvater*

> Mein Stiefvater kam vor 30 Jahren in mein Leben und ist nun mein großes Vorbild in meiner eigenen Patchworkfamilie!
> *Eine Stieftochter*

Die vierte Patchworkphase: Ablösung

Katharina ist 19 bis 26 Jahre alt. Sie studiert und lebt inzwischen in einer Kleinstadt.

Die freundschaftliche Bindung mit den Stiefeltern

Die Ablösung vom Elternhaus ist für viele Eltern die schwierigste Phase mit ihren Kindern. Nun wollen diese endgültig auf eigenen Beinen stehen und ihr Leben gestalten. Sigmund Freud beschrieb diesen Lebensabschnitt daher als eine Zunahme der Außenorientierung, während die Abhängigkeit vom Elternhaus gelockert wird. Noch stärker führt man nun ein Leben jenseits der Familie, sucht sich seinen eigenen Beruf, meist zieht man aus und hat bereits erste Liebeserfahrungen gesammelt. Diese Ablösung (Detachment) ist ein notwendiger Prozess, denn die bisherige Nähe zur Familie muss relativiert werden, um Platz für eigene Entwicklungen zu ermöglichen. Doch die Ablösung vom Stiefvater bzw. der Stiefmutter ist kaum erforderlich. Hier ist im günstigsten Fall eher eine freundschaftliche Bindung entstanden. Schließlich fehlen die frühkindlichen Bindungserfahrungen, es fehlt das Ur-Vertrauen, das die Beziehung zu den Eltern so unvergleichlich macht. Dadurch fehlen aber auch die üblichen Verstrickungen und emotionalen Abhängigkeiten.

Wolfgang: Auf Augenhöhe

Was ich ursprünglich als Defizit empfand, erwies sich jetzt als Vorteil. Ich bedauerte es zwar manchmal, dass es jene seelisch-körperliche Urverbindung nicht gab, die ich zwischen Katharina und ihrem Vater beobachtete. Auch wenn sie sich selten sahen, sprang sie ihm fröhlich entgegen und umarmte ihn herzlich. Mir gab sie viele Jahre lang nur die Hand. Das änderte sich zwar im Laufe der Zeit, aber ich spürte doch, wie mühsam wir uns diese Nähe erarbeiten mussten. Der Vorteil hingegen war, dass sie sich nicht von mir lösen musste. Es gab kaum Erwartungen meinerseits und ich reagierte nicht empfindlich, wenn sie einmal reserviert war. Ich fragte manchmal nur nach, wie es ihr und der Großmutter, wie es ihrer Familie ging. Diese Fragen empfand sie gelegentlich als Vorwurf, als würde sie zu wenig kommunizieren. Aber das war vielleicht eher ein Missverständnis. Ich wollte einfach nur den Kontakt aufrechterhalten.

Ich fand es durchaus normal, dass in Katharinas Beziehung zu mir ein gewisser Egoismus vorherrschte. Sie meldete sich, wenn sie mich brauchte. Insofern war ihr Kontakt zu mir immer ihr eigenes Bedürfnis. Das war für mich die ehrlichste Form der Beziehung. Jedenfalls hörte ich von ihr dann, wenn sie Probleme im Studium hatte und vor allem, wenn sie seelischen Kummer verspürte.

Den Unterschied zu den Eltern mag man vor allem an den Beziehungspausen ermessen. Katharina meldete sich manchmal wochenlang nicht bei mir. Als sie einmal in Spanien einen zweimonatigen Sprachkurs absolvierte, verkündete sie: „Wenn ich mit dir immer Deutsch rede, ist das nicht hilfreich. Wir sprechen anschließend wieder miteinander." Ihre Klarheit verblüffte mich, aber sie kränkte mich nicht wirklich. Ich freute mich, wenn wir Kontakt hatten und blieb gelassen, wenn sie anderweitig sehr ausgelastet war. Mir fiel dann die Aussage einer Pädagogin ein, die einmal meinte: „Für die Kinder sind Erwachsene immer Kühe. Wenn Kinder Milch haben wollen, kommen sie, wenn sie gesättigt sind, gehen sie ihre eigenen Wege." Familientherapeuten sind sich daher einig, dass man Kindern das Privileg geben sollte genährt zu werden, damit sie später als Eltern selber nähren können.

Nun gab es allerdings einen Unterschied zwischen mir und den leiblichen Eltern. Eltern haben fast immer intensivere Ansprüche und Bedürfnisse. Sie haben einen engen Kontakt, eine emotionale Bindung erlebt, haben sich viel gekümmert und erleben die Ablösung viel schmerzhafter als ein Zweit-Vater. Für mich war ein gewisser Abstand zu Katharina normal, die Nähe war mehr ein Geschenk. Das machte die Beziehung zwischen Katharina und mir gerade in jener Zeit einfacher. Für mich war die Beziehung zu ihr eher eine Aufgabe, ich fragte mich oft, was ich für sie tun kann. Was ich von ihr bekommen könnte, war für mich nicht entscheidend. Katharina verhielt sich mir gegenüber meist relativ unbekümmert. Sie widersprach mir manchmal heftig, zu mir hatte sie gelegentlich einen kritischen Abstand. Wir hatten immer eine Beziehung auf Augenhöhe. Deshalb gewann ich in dieser Zeit an Bedeutung für sie.

Zwar trafen wir uns nur noch selten, nachdem sie in einer Kleinstadt studierte, die einige hundert Kilometer von Berlin entfernt war. Doch manchmal telefonierten wir sehr lange und redeten über betriebswirtschaftliche Abläufe, volkswirtschaftliche Zusammenhänge und ihre Sorge, im Fach Statistik durchzufallen.

Ich konnte ihre Probleme gut verstehen, weil für mich dieses Fach – obwohl ich die Statistikscheine eins und zwei absolviert hatte – ein Gebiet mit ‚sieben Siegeln' blieb. Ich kannte zwar die Begriffe Korrelationskoeffizient und Varianz, aber ich hatte keine Ahnung, wie man diese berechnete.

Katharina: Herausforderungen im Studium

In meinem neuen Studium konzentrierte ich mich ganz auf meine neue Umgebung, meine neuen Freundschaften und meine Beziehungen. Mit Wolfgang hatte ich in dieser Zeit weniger Kontakt, was ihn ab und zu störte – so sagte er manchmal, von dir hört man auch kaum noch etwas. Oft fragte er mich, wie es meiner Oma ginge, dabei hatte ich immer das Gefühl, dass er wissen wollte, wie viel Kontakt ich zu meiner restlichen Familie hatte. Mich nervte das gelegentlich, denn ich hatte einfach wenig Kontakt zu allen in meiner Familie. Wenn mich allerdings Misserfolge im Studium bekümmerten, wandte ich mich mit Rat an meine Familie. Doch auch Wolfgang bezog ich in dieses Thema ein: Also hatten wir E-Mail Kontakt und so schrieb mir Wolfgang dann folgendes:

„Mit der Uni wird es schon klappen. Ich bewundere dich, wie du die Rückschläge in Form von schlechten Noten wegsteckst.
Herzliche Grüße Wolfgang."

Oder

„Glückwunsch zum Bestehen deiner Klausuren, dein Durchhaltevermögen ist großartig!
Herzliche Grüße aus der Hauptstadt sendet dir Wolfgang."

Allerdings schrieb mir Wolfgang mehr E-Mails als ich ihm oder ich sah seine Nummer oft auf dem Display des Telefons. Aber ich versuchte immer, den Kontakt zu ihm zu halten.

Wolfgang: Die Diplomarbeit

Mit viel Fleiß und Ausdauer war Katharina am Ende ihres Studiums angelangt und musste nur noch die Diplomarbeit schreiben. Für den praktischen Teil war sie auf gute Kontakte angewiesen, weil sie eine Umfrage durchführen wollte. Wieder half ich ihr.

Katharina: Seine Kontakte

Zum Ende meines Studiums stand noch meine große Diplomarbeit an. Ich hatte vor, umfangreiche Befragungen durchzuführen und wusste, dass Wolfgang über viele Kontakte verfügte. Er vermittelte mich an eine Reihe von wichtigen Gesprächspartnern und die Interviews verliefen einfach großartig und die Diplomarbeit war fertig.

Wolfgang: Beratungen

Als Katharina das Studium abgeschlossen hatte, zog sie wieder nach Berlin. Sie spürte deutlich, dass sie vor erheblichen Anforderungen stand. Sie musste lernen, die Schwierigkeiten am Arbeitsplatz zu meistern, ohne sich dabei zu überfordern. Sie musste lernen, sich auch gegenüber Vorgesetzten abzugrenzen, ohne diese zu verärgern. Es gab vielfältige Herausforderungen, die sie bewältigen musste. Und so blieb ich mit meiner regelmäßigen Unterstützung wichtig für sie, fast in der Rolle eines Lebenscoaches. Aber wir sprachen nicht nur über Probleme, sondern auch viel über unsere Leidenschaft: Das Fotografieren.

Ich machte gern Portraitaufnahmen, Katharina hatte ein Talent für Naturaufnahmen und fing am liebsten Sonnenuntergänge ein.

Katharina: Wolfgangs Leidenschaft – das Fotografieren

Im Laufe der Zeit zeigte sich, dass Wolfgang und ich ein Interesse teilen – das Fotografieren. In meiner Jugend bekam ich von Wolfgang viele Fotobücher geschenkt. Während ich vor allem die Natur fotografierte, lag Wolfgangs Schwerpunkt auf Portraits. Er kann sehr gut Stimmungen einfangen und fotografierte oft bei wichtigen Anlässen und Feiern meine Gäste. Vor allem von meiner Hochzeit haben Wolfgangs schöne Fotos für mich viele Erinnerungen bewahrt.

Wolfgang: Sie kam zu meinen Vorträgen

Katharina wurde im Laufe der Jahre ein fester Bestandteil meines Freundeskreises. Sie kam nicht nur zu meinen Geburtstagsfesten, sondern auch zu meinen Vorträgen. Meist saßen wir hinterher noch im größeren Kreis zusammen und redeten über Themen, die uns bewegten. Sie wurde als ernstzunehmende und interessante Gesprächspartnerin geschätzt, schließlich war sie von ihrem Herzen her eine Psychologin. Wir unterhielten uns oft über psychologische Fragestellungen, wobei sie allerdings erklärte, sie wisse nicht, ob sie die Geduld hätte, sich jeden Tag die Probleme anderer Menschen anzuhören. Sie hatte deshalb Marketing studiert, aber immer war sie sehr an Fragen der Psychologie interessiert. Vor der Veröffentlichung meiner Bücher war sie daher eine gründliche Korrekturleserin und ihre Freundinnen schätzten sie als eine exzellente Zuhörerin und Ratgeberin.

Katharina: 36 Stunden

Wolfgang hat neben seinem eigentlichen Job noch viele weitere Standbeine und Aktivitäten. Ich bewundere ihn immer für seinen Organisationssinn. Wenn ich mit Wolfgang spreche, habe ich schnell das Gefühl, dass sein Tag 36 Stunden hat und meiner nur 12. Er schafft so viel und ich im Vergleich irgendwie nur so wenig. Das wurmt mich manchmal, zuweilen zieht mich Wolfgang auch mit meinen knappen E-Mails auf. Woher Wolfgang die Zeit für die ausführlichen Nachrichten hat, verstehe ich nicht. Ich versuche aber, mit ihm regelmäßig zu telefonieren, zu seinem Geburtstag zu gehen oder seine Vorträge zu besuchen. Und ich unterstütze ihn, indem ich seine Bücher lese und mit ihm darüber diskutiere.

Wolfgang: Die schwierigen Männer

Wenn wir in dieser Zeit lange miteinander telefonierten, gab es neben den beruflichen Herausforderungen noch ein weiteres Kernthema: Männer. Katharina war attraktiv und sehr sozial, sie lernte viele Männer kennen und bekam verlockende Angebote. Sie hatten Geld, wollten mit ihr verreisen, aber sie wollten keine ernsthafte, verbindliche Partnerschaft eingehen. Da ich als Psychotherapeut vor allem ein Experte für Partnerschaftsfragen bin, wurde dies ein wichtiges Thema in unseren Gesprächen.

Katharina: Das Thema Männer

Ich sprach mit Wolfgang in dieser Zeit zunächst oft über den Beruf. Doch zunehmend trat dann ein anderes Thema in den Vordergrund. Ich redete mit Wolfgang über Männer. Denn mit wem kann man seine Probleme mit Männern besprechen, wenn man jung ist? Die Freundinnen waren meist ebenso irritiert wie ich. Entweder waren die Männer attraktiv, aber bindungsunfähig oder sie interessierten mich nicht. Mit Wolfgang konnte ich darüber stundenlang reden, auch wenn er gerade mit der Bahn unterwegs war oder Fahrrad fuhr. Er hörte sich gründlich meine Erfahrungen an, er verstand mich und gab mir manchmal sehr praktische Ratschläge. Außerdem war Wolfgang nicht so nah dran wie meine Eltern. Oft geniert man sich auch davor, mit seiner Mutter oder seinem Vater darüber zu reden.

Wolfgang: Leben in zweiter Reihe

Als Zweit-Vater hatte ich über Jahre hinweg eine wichtige Rolle gefunden. Es hatte sich eine sehr innige Beziehung entwickelt. Das mussten wir nicht inszenieren, das brauchte keine Bestätigung. Deshalb störte es mich kaum, dass ich in der Öffentlichkeit meist in der zweiten Reihe stand. Ich hörte also zu, wenn ihre Eltern oder Großeltern zum Geburtstag oder zu bedeutenden Feiern von Katharina längere oder kürzere Reden hielten. Es waren interessante Ansprachen. Sie wünschten ihr öffentlich Glück und kommentierten ihre Entwicklung. Nun rede ich durchaus gern in der Öffentlichkeit, doch Katharina signalisierte mir, ich solle mich zurückhalten. Manchmal formulierte ich dann in Gedanken eine Rede.

Katharina: Eltern sind Eltern

Bei großen Feiern und Anlässen zog ich es vor, dass meine Eltern oder meine Großmutter eine Rede hielten. Auch wenn Wolfgang eine wichtige Rolle einnimmt, finde ich, dass es die Rolle der Mutter oder des Vaters ist, eine Rede zu halten. Wolfgang verstand das auch sehr gut.

Wolfgang: In 35 Jahren

Ich spreche oft vor vielen Menschen und manchmal bin ich froh, nichts sagen zu müssen. Dennoch teilte ich kürzlich Katharina bei ihrem Geburtstag mit, ich würde gern in 35 Jahren eine Rede halten. Jetzt bin ich 73 - verblüfft fing Katharina an zu rechnen.

Solche öffentlichen Bekundungen waren mir aber immer weniger wichtig als die kleinen Symbole der Bindung. Dies wurde mir deutlich, als wir Katharina vor einigen Monaten besuchten. Es berührte mich, dass eine Fotografie von mir an ihrer Wand hing. Auch wenn ich manchmal denke: Sobald ich weg bin, hängt sie ein anderes Bild hin. Wahrscheinlich sind es Wechselrahmen. Doch das glaube ich nicht im Ernst. Ich bin vielmehr davon überzeugt, dass ich ein verlässlicher Faktor im Leben von Katharina geworden bin.

Katharina: Meine Fotowand

Ich bekam schon öfters Fotografien von Wolfgang geschenkt. In meiner Jugend war mein ganzes Zimmer voll von Fotos von meinen Freunden. Wolfgang auf einem Foto den ganzen Tag anzusehen, wäre für mich damals undenkbar gewesen. Ich war froh, wenn ich ihn nicht sehen musste. Später änderte sich das und nun hat auch Wolfgang einen Platz an meiner Fotowand gefunden.

Wolfgang: Die soziale Klammer

Was mich an Katharina immer besonders freut, sind ihre sozialen Stärken. Sie ist ein Freundschaftsstifter, führt Menschen zusammen und lebt in einem großen Netzwerk. Bereits als Jugendliche gründete sie die Spice Girls-Gruppe, die sich in ihrer Wohnung traf. Später gehörte sie einer Gruppe an, in der es viele Gehörlose gab, ich war fasziniert, wie sie mit ihnen kommunizieren konnte, auch wenn sie durch eine Schaufensterscheibe getrennt waren.

Heute organisiert sie immer wieder Feste, in denen sich die unterschiedlichen Gruppen ihres Lebens treffen. Besonders beeindruckt war ich von ihrem Hochzeitsfest. Sie feierte in einem alten Gutsschloss. Es waren sowohl ihre Familie, die Familie ihres Mannes, aber auch alle Freunde eingeladen. Meine neue Partnerin lernte bei dieser Gelegenheit die Eltern von Katharina sowie ihre Großmutter kennen und wir erlebten, wie geschickt sie diesen Tag geplant hatte, wie locker und interessiert sich die vielen Gäste begegneten.

Katharina: Meine Hochzeit

Ich fand es immer toll, Feiern zu organisieren. Das ist auch eine Aktivität, die Wolfgang und ich teilen. Mein größtes und schönstes Fest war dabei meine Hochzeitsfeier, die auch Wolfgang als sehr gut gelungen empfand. Ich stellte mir den perfekten Tag vor und plante meine Hochzeitsfeier über viele Monate. Es sollte ein ganz besonderer Tag werden. Ein glücklicher Tag, an den wir noch lange denken und bei dem sowohl meine gesamte Familie als auch meine engen Freunde dabei sein würden. Ein wirklich einmaliger Tag, der wunderschön war. Alles war einfach perfekt.

Wolfgang: Vieles kommt zurück

Die Hochzeit von Katharina war das Ereignis des Jahres. Es war eine sehr gelungene Inszenierung. Wochenlang bereiteten sie sich darauf vor, Räumlichkeiten mit einer besonderen Ausstrahlung wurden gebucht, das Essen bestellt, ein Redner gefunden.

Es sollte einer der schönsten Tage im Leben sein. Und das ist er geworden: Mit sehr bewegenden Reden, anregenden Gesprächen und einer herrlichen Musik. Bis zum frühen Morgen wurde getanzt. Diese Hochzeitsfeier habe ich sehr bewundert, denn Katharina ist sehr bodenständig, aber sie hat gleichzeitig keine Angst vor Romantik und großen Gefühlen. Dieser Tag hat mich beschenkt. Deshalb bin ich immer etwas ratlos, wenn Katharina mich fragt: „Was kann ich für dich tun?" Zum einen empfinde ich es als Geschenk, dass ich an ihrem Leben teilhaben kann. Zum anderen sage ich ihr aber mit großer Überzeugung, ich wolle vor allem für sie da sein. Ich glaube, es ist die Aufgabe von uns Älteren, der jüngeren Generation den Weg zu ebnen, ihnen das Leben zu erleichtern, ihnen eine Lebensorientierung zu geben. Aber es kommt auch viel zurück. Wenn wir bei ihr sind, kocht sie und bewirtet uns, es ist eine unkomplizierte und selbstverständliche Gastfreundschaft.

Katharina: Die Einladung

Eines Tages überlegte ich mir, dass ich Wolfgang zu mir in meine neue Wohnung und in die Stadt, in der ich nun lebe, einladen könnte. Ich rief ihn an und fragte ihn, ob er mich nicht zusammen mit seiner neuen Partnerin besuchen wolle. Unkompliziert wie Wolfgang ist, stimmte er freudig zu und teilte mir mit, dass er sich ganz nach mir richten würde. In den kommenden Wochen dachte ich nach, wie ich den Besuch der beiden gestalten könnte. Dann fiel mir ein, dass ich vor über 10 Jahren versprochen hatte, mit ihm eine Fahrradtour zu unternehmen. Ich rief Wolfgang an und machte ihm den Vorschlag: „Wie wäre es mit einer Radtour?" Wolfgang war total aus dem Häuschen – „Oh, eine Fahrradtour, wie schön, aber gerne."

Ich fand es toll, dass Wolfgang sich so freute und war erstaunt, mit welch kleinen Gesten man Menschen glücklich machen kann. Ich organisierte also einige Räder und es wurde eine wunderschöne und entspannte Radtour. Für mich war das eine Gelegenheit, auch einmal etwas zurückzugeben. Das war mir mit dieser eigentlich nicht sehr aufwändigen Geste mehr als gelungen.

Wolfgang: Ich bin ‚Großvater' geworden

Katharina konnte sehr herzlich sein und vor allem sehr zielstrebig. Dafür habe ich sie oft bewundert. Wir sind in meiner Generation früher eher durchs Leben gestolpert, haben immer wieder unsere Zielrichtung korrigiert. Es war wie ein Versuch-und-Irrtum-Programm. Man könnte auch sagen: Es war ein Blindflug im Nebel. Doch als Katharina 25 Jahre alt wurde, entwickelte sie eine große Zielstrebigkeit. Sie wusste ziemlich genau, was sie beruflich und privat wollte und suchte sich sehr engagiert den Mann ihres Lebens. Diesen fand sie und heiratete ihn und nun lud sie uns zu der Radtour ein, die ich mir einmal gewünscht hatte. Das hätte ich mir nach der völlig missglückten Radtour vor vielen Jahren nicht träumen lassen.

Schließlich ging noch ein Wunsch von Katharina in Erfüllung: Sie bekam ein Kind. Und so wurde ich vor einem Jahr stolzer Großvater. Natürlich bin ich kein richtiger Großvater. Ich bin nicht der Vater von Katharina. Aber es war für mich sehr bewegend, zu sehen, wie engagiert und warmherzig Katharina als Mutter ist, wie innig sich die Beziehung zwischen ihr und dem Neugeborenen gestaltet. Meine eigenen Großeltern und Eltern sind bereits tot. Einen intensiven Kontakt habe ich nur noch zu meiner älteren Schwester. Ansonsten sind alle verstorben oder haben sich zurückgezogen. Doch hier erlebte ich sehr eindrücklich, wie Leben entsteht und gestaltet wird. Noch vor einem Jahrzehnt plagte ich mich mit all den Problemen herum, die sich im Alltag mit Katharina ergaben. Und jetzt bin ich plötzlich ein Teil ihrer Welt, darf daran teilhaben und mich mit ihr freuen.

Als ich jung war, lebten viele im Freundeskreis nach dem Vorbild von Sartre und Beauvoir, die kinderlos waren, nie zusammenzogen und auch nicht heirateten. Wir wollten unbeschwert die Welt erforschen und verändern. Ich mochte zwar Kinder sehr und arbeitete einmal für Monate als Praktikant in einem Kindergarten. Ich ging immer erfüllt-erschöpft nach Hause, die vielen Erlebnisse und der intensive Körperkontakt berührten mich auch innerlich. Dennoch bedauerte ich nie wirklich, keine eigenen Kinder zu haben. Mir war es nicht wichtig, dass ein Kind meine Nase oder meine Haarfarbe hat. Aber es macht mich glücklich, dass ich jetzt der Zweit-Vater einer Tochter bin, die einige Verhaltensweisen und Lebenseinstellungen von mir übernommen hat. In ihrer emotionalen Offenheit und ihrem großen Freundeskreis ist sie mir innerlich sehr nahe.

Und besonders nahe ist sie mir in den letzten Monaten beim gemeinsamen Schreiben des Buches. Wir reden viel miteinander und stellen uns immer wieder eine Frage: Was ist eigentlich passiert und warum hat es sich so positiv verändert?

> Nicht immer leicht, aber eine Bereicherung.
> *Ein Stiefvater*

> Erst war es schwierig, jetzt könnte ich mir ein Leben ohne ihn nicht vorstellen.
> *Ein Stiefsohn*

Rückblick und Analyse

Fazit Katharina: Warum war es so schwierig?

Warum war das mit Wolfgang am Anfang eigentlich so schwierig? Wolfgang bemühte sich und eigentlich wäre es auch normal, dass man gemeinsam als Familie verreist und Freizeitaktivitäten unternimmt. Doch ich wollte unser Zusammenleben einfach nicht als Familienmodell akzeptieren, was sicherlich rückblickend nicht ganz nachvollziehbar ist. Aber für mich bestand meine Familie aus meiner Mama und meinem Papa und eben nicht aus Wolfgang. Deshalb wollte ich wohl auch diese Trennung. Die schönen und spannenden Aktivitäten sollten nur mit meinen leiblichen Eltern stattfinden. Wolfgang war zwar da, aber kein richtiger Teil meiner Familie. Zumindest muss ich es wohl so empfunden haben. Viele Jahre fand ich Aktivitäten mit Wolfgang auch schwierig, da er für mich anders und gelegentlich aufgrund des Altersunterschiedes peinlich war. Viele Kinder haben leibliche Eltern mit einem größeren Altersunterschied und für diese Kinder ist es etwas vollkommen Normales, aber für mich war es eben ungewohnt und ich wollte mich nicht so recht an diesen Unterschied gewöhnen.

Überhaupt tut man sich als Kind sicher schwer, wenn neue Lebensmodelle präsentiert werden, von denen man vorher gehört hat, dass diese nicht richtig sind oder nicht als gut empfunden werden. Wolfgang war in seiner Art einfach anders und lebte auch ein anderes Lebensmodell. Er war so unbekümmert in der Öffentlichkeit, er stellte wie selbstverständlich vielen Menschen persönliche Fragen – die sie ihm auch beantworteten. Doch mich irritierte das zunächst.

Am meisten verunsicherte mich jedoch, dass sich die Machteinflüsse in unserer Familie verschoben. Ich war ein Mutterkind und hatte immer viel zu sagen. Ich erkundigte mich über die Hotels, die wir bei unseren Reisen buchten. Ich konnte meine Mutter bei vielen Entscheidungen beeinflussen und plötzlich kam Wolfgang, der meine Stelle einzunehmen schien.

Ich verstehe heute, dass ich rebellierte, aber rückblickend muss ich trotzdem sagen, dass ich mich Wolfgang gegenüber oft nicht sehr fair verhalten habe, obgleich er sich stets liebevoll bemühte. Seine Konkurrenz war mir einfach zu präsent, ich habe ihn viel zu lange nur als Feind und nicht als Helfer gesehen und akzeptiert.

Wolfgang musste tatsächlich viel mit mir durchmachen und für sein Durchhaltevermögen verdient er heute meinen vollen Respekt. Es ist schwer für den Partner, der in eine Familie kommt, nicht nur für die Kinder. Ein neuer Partner muss sich mühsam Anerkennung und Liebe erarbeiten, er kennt die ganzen Erlebnisse in dieser Familie nicht. Um ein gutes Verhältnis aufzubauen und irgendwie dazuzugehören, muss ein neuer Partner viel überwinden. Es ist wirklich eine Lebensleistung, sich in eine neue Familie einzuleben, wenn das Kind noch relativ klein ist.

Kinder verstehen oft nicht, dass Stiefväter nicht den richtigen Vater und Stiefmütter nicht die richtige Mutter ersetzen wollen. Sie haben nur Angst, dass ihnen etwas verloren geht. Deshalb haben es Stiefeltern und Stiefmütter schwer. Fast die gesamte Energie einer Mutter oder eines Vaters richtet sich auf das Kind und für die neuen Partner bleibt da kaum Platz. Wolfgang wollte mir nie etwas Böses, sondern mich nur unterstützen. Dass ich so viele Jahre einen regelrechten Krieg gegen ihn geführt habe, tut mir heute natürlich leid. Als Kind bzw. als Jugendliche betrachtet man viele Dinge sehr einseitig. Wolfgang war in vielen schwierigen Situationen für mich da und das finde ich sehr toll an ihm, er ist unglaublich verlässlich. Unsere Konflikte, so schlimm sie waren, haben vielleicht aber auch zu einer stabilen Beziehung beigetragen.

Fazit Wolfgang: Unser Buch

Der Beginn meiner Beziehung zu Katharina war nicht unbelastet. Ihre Eltern hatten sich gerade erst getrennt und sie war kaum in der Lage, die neue Situation in Ruhe seelisch zu verarbeiten. Ich ‚platzte' ohne zeitlichen Abstand in ihr Leben, sodass für sie der Gedanke nahe lag, ich sei an der Trennung der Eltern beteiligt. Das war fatal, weil sich Kinder fast immer wünschen, dass die Eltern zusammenbleiben.

Allerdings war es ein Vorteil, dass Katharina vor allem bei der Mutter lebte. Oft gibt es in Partnerschaften eine Regelung: Die Kinder sind jeweils eine Woche beim Vater, dann eine Woche bei der Mutter. Und viele Frauen treffen monatelang den Partner vor allem in den kinderlosen Zeiten. Möglicherweise hätte dies am Anfang unsere Beziehung sogar entspannt. Aber eine tiefere Beziehung entsteht auf diese Weise nicht. Insofern war es ein

Vorteil, dass ich Katharina sehr schnell kennenlernte und den Alltag mit ihr verbrachte.

Ich hatte auch Glück, weil es trotz aller Schwierigkeiten eine Basis der Verständigung gab. Die Gemeinheiten von Katharina hielten sich in Grenzen, obgleich ich manchmal regelrecht nach Luft schnappte. Und ich lernte viel bei der Bewältigung der Konflikte. Nachdem ich die mitunter heftigen verbalen Attacken von Katharina überstanden hatte, konnte mir keine öffentliche Diskussion, keine Talkshow mehr Angst einjagen. Für uns beide beinhalteten die ersten Jahre – auch wenn sie belastend waren – viele persönliche Wachstumsimpulse. Und dann war die Verbesserung unserer Beziehung so ungewöhnlich, dass wir vor zehn Jahren auf die Idee kamen, ein Buch zu schreiben.

Obwohl mich ein solches Buchprojekt von Anfang an reizte, hatte ich doch gleichzeitig einige Vorbehalte und wollte diese Idee zunächst wieder begraben. Ich wollte Katharinas Eltern nicht kränken und zudem zweifelte ich daran, ob man unsere konfliktreiche Beziehung wirklich an die Öffentlichkeit bringen sollte. Ich zögerte also und schlug ihr schließlich vor: „Wenn du verheiratet bist, beruflichen Erfolg hast und dich um ein eigenes Kind kümmerst, werden wir unsere Geschichte veröffentlichen." Diese ‚Bedingungen' sind inzwischen erfüllt und ich vereinbarte daher vor einem Jahr mit Katharina, unser Buchprojekt zu realisieren.

Ich konnte mir ein Buchprojekt auch deshalb gut vorstellten, weil wir beide über viel Material verfügten. Ich schrieb damals viele E-Mails und Gedichte, Katharina hatte ihre Gedanken einem Tagebuch anvertraut. Es war für mich ein sehr bewegender Moment, als wir vor einem Jahr unsere gesamten Aufzeichnungen austauschten. Auf dieser Grundlage entstand im Laufe der letzten Monate eine Schilderung unserer Beziehung, die einen sehr intimen Einblick in die Dramen, aber auch die schönen Momente gibt, die wir erlebten. Wir legen damit auch eine der persönlichsten Langzeitstudien vor, die bisher veröffentlicht wurde. Es gibt zwar zahlreiche Studien, aber die tagtäglichen Schlachten, die fiesen Strategien – die dennoch immer wieder von einer gewissen Neugierde und einer vorsichtigen Annäherung unterbrochen werden – erschließen sich eher in solchen persönlichen Berichten.

Bei dieser Schilderung haben wir sehr gleichberechtigt die Beziehung zwischen Stiefvater und Stieftochter dargestellt. Damit ergänzen wir die vorliegende Forschungsarbeit anderer Autoren. In der Fachliteratur standen bisher vor allem die Stiefkinder im Mittelpunkt der Aufmerksamkeit. Wie es den Stiefvätern oder Stiefmüttern ging, wurde eher vernachlässigt. Es gab zwar einzelne Studien und Aufsätze, aber die Dramatik der Stiefeltern-Rolle konnte dabei kaum eingefangen werden. Was sich wirklich zwischen den Kindern und den Stiefeltern abspielt, was in den Herzen und Köpfen der Beteiligten vorgeht, erfuhr man nicht. Besser gesagt: Man interessierte sich dafür zu wenig. Deshalb beklagte sich der amerikanische Talkmaster Owen Spann einmal über das geringe Echo beim Thema Stiefeltern. Wenn es um Erziehungsprobleme ginge, würden sonst hunderte Hörer anrufen. Doch über seine Erfahrungen beim Thema Stiefeltern würde kaum einer reden. Das liegt sicher daran, dass es hier um sehr persönliche und teilweise unangenehme Gefühle geht. Als Stiefvater ist man nicht nur mit Kränkungen konfrontiert. Meist stellt man sich das Familienleben viel zu harmonisch vor und kann mit den aufkommenden Konflikten nicht gut umgehen. Diese resultieren fast immer daraus, dass die Stiefkinder eifersüchtig sind und täglich kleine Gemeinheiten auf Lager haben. Glanzrollen sind das nicht.

Was fehlt in unserem Buch?

Uns ist völlig klar, dass in diesem Buch vieles fehlt. Es kommt die Mutter nicht zur Sprache, die sich manchmal wie zerrissen gefühlt haben muss. Die eigenen Bedürfnisse wahrzunehmen, gleichzeitig genügend auf die Tochter einzugehen und dann noch die Wünsche des Partners zu erfüllen, war fast unmöglich. Als Mutter steht man manchmal buchstäblich zwischen den Fronten, denn sowohl das eigene Kind als auch die Partner erwarten, dass man für sie Partei ergreift. Das Kind will immer wieder hören, dass es die wichtigste Person ist. Der Partner erwartet, dass die Mutter endlich das kleine Ungeheuer bändigt und eine harmonische Familienstimmung herstellt. Doch kurzfristig ist dies überhaupt nicht zu erreichen.

Ich beschreibe hier auch nicht die Partnerschaft, obwohl sie in dieser Stieffamilien-Konstellation sehr wichtig war. Das Autorenteam Emily und John Visher ist überzeugt, es käme in einer Patchworkfamilie vor allem darauf an, dass ein Paar gut zusammenhält. Und es kommt auch nicht der Vater zur Sprache, der ebenso irritiert sein musste, weil nun sein Nachfolger den Alltag mit seiner Tochter teilte und sich daraus eine innige Beziehung entwickelte. Denn der Vater ist in einer schwierigen Rolle: Er verfügt zunächst über die intensivere Bindung zu seinem Kind. Er hat seine Tochter, seinen Sohn von Geburt an erlebt. Er hat sie in den ersten Jahren betreut und dies ergibt eine emotionale Beziehung, die man nicht unterschätzen darf. Doch den Alltag verbringt schließlich sein Sohn bzw. seine Tochter mit dem Nachfolger. Fast unweigerlich werden dann die alltäglichen Beziehungserfahrungen mit diesem Stiefvater zunehmend wichtiger. Denn als zentrale Beziehungsperson wird der empfunden, der mit der Heranwachsenden die Schularbeiten macht, einkauft und nachts zur Apotheke läuft, wenn Medikamente geholt werden müssen.

Auch unsere Beziehung zu den Großeltern beschreiben wir kaum. Katharina hatte damals eine gute Beziehung zu allen Großeltern und besuchte sie regelmäßig. Doch das Familienmodell, das seit Generationen weitergegeben wurde, konnten wir nur andeuten.

Wir waren uns sehr einig, nur unser eigenes Verhältnis zueinander darzustellen und nicht für die anderen Familienmitglieder zu sprechen. Wir können nicht ihre Sichtweisen oder ihre Gefühle schildern.

Die 70 Varianten

Wir beschränken uns also in unseren persönlichen Schilderungen auf die Darstellung unserer Beziehung. Aber eine solche Fokussierung ist bei der allgemeinen Analyse der Patchworkfamilien schwierig, weil man die unterschiedlichsten Varianten vorfindet. Es gibt Stiefväter und Stiefmütter. Sie können zusammenwohnen oder getrennt leben, sie können Kinder in die Beziehung einbringen oder noch einmal Eltern werden. Die Familienforscher unterscheiden daher zwischen mehr als 70 verschiedenen Varianten bei Stieffamilien.

Unsere Konflikte wären beispielsweise wesentlich stärker gewesen, wenn ich eigene Kinder in die Familie gebracht hätte. Das hätte die ganze Familiendynamik durcheinandergewirbelt. Aus dem Einzelkind Katharina wäre dann das älteste oder jüngste Geschwisterkind geworden. Und auch dies hätte ein hervorragender Nährboden für Eifersuchtsgefühle sein können.

Wesentlich stärker sind jedoch diese Eifersuchtsgefühle, wenn noch ein Baby geboren wird. Es wird häufig als das eigene, gemeinsame Kind angesehen und bekommt von beiden Eltern Zuwendung. Das Stiefkind zieht sich oft gekränkt zurück, ist eifersüchtig und rebelliert gegen diese Entwicklung.

Die Familienperspektive

Um die unterschiedlichen Varianten von Stieffamilien ansatzweise darzustellen, haben wir zahlreiche Interviews geführt und Aussagen gesammelt:

Die Einschätzung einer Mutter

„Ich hätte in den diplomatischen Dienst gehen sollen. Meine Tochter nervte, der neue Partner war teilweise gekränkt und nicht immer kooperativ. Und ich musste mir immer wieder überlegen: Was will ich eigentlich? Ich musste so viel vermitteln, dass meine eigenen Bedürfnisse auf der Strecke blieben."

Die Einschätzung eines Vaters

„Es ist sehr kränkend. Ich habe mich intensiv fünf Jahre um meine Tochter gekümmert. Sie lebt heute bei der Mutter und wir treffen uns alle 14 Tage. Unsere Beziehung ist gut, aber ihre Beziehung zum Ziehvater wird immer besser. Sie wohnen zusammen und alle wichtigen Fragen bespricht sie zunächst mit ihm. Mit ihm beredet sie, was sie studieren will. Auch wir haben darüber gesprochen, aber ihr Ziehvater ist inzwischen auch ein Mensch geworden, den sie ernstnimmt, der eine enorme Bedeutung für sie hat. Das kränkt mich und ich muss zugeben, dass ich eifersüchtig bin. Aber es ist schwer für mich zu akzeptieren, dass mein eigener Einfluss sinkt und der eines anderen Menschen steigt."

Ein Stiefkind – Verhältnis zum Stiefvater

„Ich mochte ihn von Anfang an und könnte mir ein Leben gar nicht ohne ihn vorstellen. Er ist wie ein Vater für mich und war stets eine enge Bezugsperson. Er hat mich immer viel unterstützt."

Ein Stiefkind – Verhältnis zur Stiefmutter

„Unser Verhältnis ist sehr angespannt. Wir leben nicht zusammen und sehen uns selten, sie zieht es dann immer vor, mich runterzumachen. Mein Vater bespricht mit mir viele Dinge heimlich, auch Geschenke werden nur heimlich gemacht. Über die Jahre hinweg haben wir uns dahin entwickelt, uns zu ignorieren."

Ein anderes Stiefkind

„Das Verhältnis zu meiner Stiefmutter war von Anfang an gut. Ich habe sie mit acht Jahren kennengelernt. Sie hat nie versucht, eine Mutterrolle einzunehmen oder sie zu ersetzen. Mit den Jahren wurde unsere Bindung immer enger, sodass ich z.B. mit ihr allein Urlaub gemacht habe. Ich habe sie gern als ‚soziale Mutter' bezeichnet, da mir dieser Begriff passend erschien. Sie ist ein wichtiges Familienmitglied, steht aber in keiner Konkurrenz zu meiner echten Mutter. Leider trennten sich mein Vater und meine Stiefmutter (als ich schon lange erwachsen war). Wir haben jedoch bis heute ein gutes Verhältnis."

Die neuen Geschwister

Junge, 17 Jahre: „Es kann ja ganz schön sein, wenn man mit Geschwistern aufwächst. Ich hätte mir immer einen Bruder gewünscht. Ich hätte mit ihm gern Fußball gespielt oder mich mit ihm über meine Eltern unterhalten. Aber dann bekam ich mit 11 Jahren einen 9-jährigen Bruder. So über Nacht. Und er hatte sein eigenes Sozialverhalten, seine eigene Rolle. Es war wie auf einer Bühne, wenn zwei Schauspieler im Rampenlicht stehen wollen. Das kann nur scheitern. Heute verstehen wir uns halbwegs, aber wir lieben uns nicht."

Das gemeinsame Kind

Eine Mutter: „Es ging ja alles ganz gut, ich freute mich auch auf das gemeinsame Kind. Aber mein Mann macht nun einen großen Unterschied zwischen unserem Kind und meinem. Er ist zu unserem Kind liebevoller, aufmerksamer. Es sind zwar nur Kleinigkeiten. Aber man spürt, dass das ältere Kind nicht von ihm ist. Und mein Junge zieht sich deshalb zurück, ist mehr mit seiner Clique unterwegs."

Ein 10-jähriges Kind: „Ich hatte immer ein enges Verhältnis mit meiner Mutter, denn mein Vater hatte sich kurz nach der Geburt getrennt. Aber dann lernte sie wieder einen Mann kennen, wir zogen zusammen und ich bekam eine Schwester. Und nun stand sie im Mittelpunkt, sie bekam die gesamte Aufmerksamkeit, ich ging oft zu den Großeltern, bei denen ich mich wohlfühlte."

Junge, 15 Jahre: „Plötzlich bekommen meine Eltern noch ein Kind. Damit habe ich nicht gerechnet, denn meine Mutter ist schon über 40, mein Vater ist sogar 45 Jahre alt. Und trotzdem haben sich beide entschieden: Sie wollen noch ein Kind miteinander. Das glaubt man nicht. Nachdem sich meine Mutter in diesen Typen verliebt hatte, habe ich mich zurückgezogen. Doch jetzt wird alles noch viel schlimmer, weil nun dieser kleine Fratz alle Zuwendung bekommt."

Die Aussage einer Stiefmutter

„Ich habe mich über 10 Jahre bemüht, die Kinder eines anderen Mannes groß zu ziehen. Mittlerweile haben wir uns wieder getrennt, es war einfach zu schwierig."

Die Sehnsucht nach dem Stiefvater

„Als ich noch ein kleines Kind war, haben sich meine Eltern getrennt. Mein Vater war nett, aber sehr reserviert. Mir fehlte ein Vater, der mich bestätigt, der mir sagt, was richtig und was falsch ist. Zwar hatte meine Mutter häufig Partner, aber ich lernte sie kaum kennen. Sie trennte ihr Liebesleben von der Familie. Und so träumte ich von einem Vater. Ein Mann, mit dem ich reden kann, der mir eine Orientierung gibt, mir Halt vermittelt. Einer, bei dem ich lernen kann, wie man mit einem Mann umgeht. Wie man sich streitet, sich versöhnt. Das hat mir gefehlt. Ich habe mir immer einen Stiefvater gewünscht."

Die drei Formen der Patchworkfamilie

Die bisherigen Aussagen von einzelnen Familienmitgliedern zeigen, wie schwierig eine Patchworkfamilie sein kann. Aber nun wollen wir das System einer Patchworkfamilie und die damit zusammenhängenden Schwierigkeiten darstellen. Dabei hängt der Schwierigkeitsgrad der Konflikte auch davon ab, um welche Form einer Patchworkfamilie es sich handelt. Wir können drei Formen unterscheiden:

1. Er bzw. sie kommt in eine Familie, in der es bereits Kinder gibt.
2. Er bzw. sie bringt eigene Kinder in die Familie ein. Oft kommen diese nur alle 14 Tage, manchmal nur für ein Wochenende. Vertrauen baut sich so nur schwer auf, diese Kinder bleiben oft Gäste in der neuen Familie.
3. Sie und er haben bereits Kinder und bekommen noch ein neues Kind.

Vor allem die dritte Form der Patchworkfamilie bringt erhebliche Konflikte mit sich, was wir noch einmal durch vertiefende Interviews verdeutlichen wollen.

Interview: Meine Kinder, deine Kinder, unsere Kinder

„Wir sind eine Familie geworden, aber es sind noch immer meine Kinder oder seine Kinder. In unserer Familie gibt es eine eindeutige Grenze: Er bestimmt bei seinen, ich bestimme bei meinen Kindern. Mein Partner hat oft den Wunsch, dass ich mich auch bei seinen Kindern mehr einmische, aber das finde ich schwierig. Ich entscheide daher, was meine dürfen, er entscheidet bei seinen Kindern. Mein Partner hat ganz andere Erziehungsgrundsätze. Er spielt mit den Kindern Fußball im Flur. Das scheppert, wenn der Ball gegen die Tür fliegt. Aber es ist nicht leicht, sich dann einzumischen. Seine Kinder meinten lange zu mir: ‚Du hast mir nichts zu sagen.' Unser gemeinsames Kind hat jedoch eine integrierende Funktion, sie ist die Mittlerin.

Wir machen kaum alle zusammen Urlaub, es ist eine riesige Familie und sehr umständlich zu organisieren. Alle Entscheidungen dauern immer lange, das ist der Preis für die Großfamilie. Als schwierig empfinde ich, dass man nie allein ist. Immer sind

Kinder da. Aber das ist gleichzeitig ein Glückerlebnis, das vieles aufwiegt."

Interview: Der neue Kosmos

„Wir sind eine zusammengewürfelte Familie, ich habe einen Jungen in die Familie eingebracht, er hat eine Tochter, die nicht bei uns wohnt. Und ich spüre bei dieser Tochter - die alle 14 Tage zu uns kommt - immer noch Fremdheit. Patchwork ist zwar ein Zugewinn an Vorbildern und Werten, weil Kinder ganz andere Persönlichkeiten kennenlernen. Aber es ist ein neuer Kosmos, der entsteht. Deshalb ist eine Patchworkfamilie immer kräftezehrend und eine Herausforderung. Auf dem Sterbebett werde ich vermutlich stolz darauf sein, dass ich bei diesem großen sozialen Projekt durchgehalten habe. Ich fühlte mich oft wie eine Integrationsbeauftragte.

Typisch war, dass es letztlich seine bzw. meine Kinder blieben. Deshalb sagte er oft zu mir: ‚Dein Sohn hat, bitte sage ihm ...' Ich habe mich immer angestrengt und wollte, dass wir eine Familie sind. Allerdings darf man nicht erwarten, dass man der Ersatzvater, die Ersatzmutter wird. Und man muss mit den Schuldgefühlen umgehen, dass man für seine eigenen Liebesansprüche die Familie verlassen hat, um eine neue Familie zu gründen. Für die Kinder ist dies immer eine Belastung und ich selbst spüre, dass ich in meinen ursprünglichen Plänen versagt habe. Ich dachte früher, dass eine Patchworkfamilie eine normale Familie werden kann und das war ein Irrtum.

Bald wurde mir klar, dass es auch für die neuen Kinder schwierig ist, denen ein anderer Lebensentwurf vorgesetzt wird. Für sie ist die neue Familie ein richtiges Chaos, ein Durcheinander. Es sind neue Erziehungsstile, die Stiefeltern haben andere Auffassungen über Politik und die Werte des Lebens. Eine soziale Klammer ist allerdings unser gemeinsames Kind. Es hat in seiner Lebenswelt von jedem etwas aufgenommen."

Interview: Wir wurden nie eine Familie

„Ich bin der Vater von zwei Mädchen und lernte vor einigen Jahren meine neue Partnerin kennen, ihre Kinder standen kurz vor der Pubertät und waren von Anfang an reserviert. Wir haben zwar Ausflüge unternommen, wir sind auch zusammen verreist, aber ich kam nie wirklich an sie heran. Die Beziehung zu den Kindern blieb schwierig. Das war verletzend für uns alle: Denn die Kinder von ihr rebellierten, weil die neue Familie nicht ihre Entscheidung war. Das war für die Mutter belastend und für mich auch. Und die Kinder waren wohl auch entsetzt, weil wir noch ein Kind bekamen. Sie fühlten sich enttrohnt. Diese Entthronung ist vielleicht das größte Problem. Bisher war der Kleinste der Partnerersatz. Dann kam ich und er wurde entthront. Und jetzt kam noch ein neues Kind. Das ist eine Zumutung, das ist einfach zu viel. Deshalb hat sich diese Familie nie richtig gefunden, es ist keine Familie geworden.

Ich fühle mich heimatlos und finde es immer erstaunlich, wie dünn die Decke ist, wenn ich meine beiden Mädchen abhole, die jetzt bei meiner Exfrau wohnen. Ich denke manchmal, die Wunden müssen doch geschlossen sein. Aber das ist nicht der Fall. Meine alte Familie habe ich verloren, eine neue nicht gefunden. Und so leide ich, wenn ich meine Kinder wieder abliefern muss, meine Welt ist untergegangen. Das geht nun schon seit fünf Jahren so. Manchmal ist es etwas besser, aber immer ist es wie auf dünnem Eis."

> Wenn sich beide Parteien aufeinander einlassen, ist eine neue Familie sogar besser als die kaputte, alte Familie. Man lernt unglaublich viel fürs Leben!
> *Eine Stieftochter*

> Ich bin an der Stiefelternschaft gewachsen.
> *Eine Stiefmutter*

Der neue Partner in der Patchworkfamilie

Inzwischen leben 2 ½ Millionen Frauen und Männer in Deutschland alleinerziehend und kümmern sich um den Nachwuchs. Mehr als 2/3 dieser Alleinerziehenden wünschen sich einen neuen Partner – so eine Studie von Parship. Nur 16% stellen ihr Liebesglück für den oder die Kleinen zurück. Die große Mehrheit weiß: Liebe ist wichtig für das eigene Lebensglück und davon profitieren die Kinder. Auch für die Kinder ist es wichtig, dass sich nach einer längeren Phase des Alleinlebens wieder ein Partner in die Familie integriert. Daher steht bei dieser Partnerschaftssuche immer auch der Nachwuchs im Mittelpunkt. Fast alle Alleinerziehenden können sich eine Beziehung nur vorstellen, wenn die Kleinen den Neuen oder die Neue mögen. Dabei wünscht sich nur 1/5 aller Partnerschaftssuchenden einen Partner, der bei der Erziehung hilft. Er soll mehr Freund für die Kinder sein und kein Ersatzvater bzw. keine Ersatzmutter.

Die Geschichte der Stieffamilie

Diese Rolle des heutigen Ziehvaters bzw. der Ziehmutter ist noch sehr neu. In Deutschland gab es zwar schon vor Jahrhunderten oft Stieffamilien, weil die Lebenserwartung niedrig war.

Frauen starben häufig im Kindbett oder die Männer fielen im Krieg. Dann musste man – auch um die Kinder zu ernähren und großzuziehen – wieder heiraten. Dies drückt sich bereits in der Vorsilbe „Stief" aus. Sie kommt aus dem Germanischen und bedeutet „beraubt". Doch diese Wiederverheiratung war nicht überall möglich. Im traditionellen China war selbst beim Tod des Mannes die Wiederverheiratung für Frauen ausgeschlossen, verwitwete Frauen lebten daher im Haushalt ihrer Söhne. Aber in Europa heirateten Witwer und Witwen erneut und füllten die Rolle des bzw. der Verstorbenen aus. Das ist heutzutage bei der Stieffamilie meist anders, denn jetzt lebt der andere Elternteil noch. Und daraus ergibt sich eine sehr spannungsreiche Dynamik, die bisher wenig erforscht ist.

Dies hängt auch damit zusammen, dass die Patchworkfamilien noch immer relativ selten sind. Sie machen nur ca. 15% aller Haushalte mit Kindern unter 18 Jahren aus. Allerdings ist damit die Stieffamilie die dritthäufigste Familienform nach der Kernfamilie und den Alleinerziehenden. Und die Bedeutung der Stieffamilie steigt, denn wir leben in einem Zeitalter einer dramatischen Umwälzung. Noch in meiner Kindheit galt die Kernfamilie mit den biologischen Eltern als die einzig richtige Form des Zusammenlebens. In meiner Schulzeit wurde am Beginn des Schuljahres immer aus dem Klassenbuch vorgelesen. Die Namen der Mutter und des Vaters wurden vorgetragen und alles lachte, wenn der Nachname des ‚Vaters' anders als der der Mutter lautete. Und alles schwieg, wenn der Schulfreund keinen Vater mehr hatte. Wir hatten eine genaue Vorstellung davon, was eine normale Familie ist. Doch im Laufe meines Lebens sind mittlerweile die vielfältigsten Familienformen normal geworden. Es gibt Stiefväter und Stiefmütter, Wohngemeinschaften und Regenbogenfamilien.

Das Kernmodell

Bei dem Kernmodell einer Patchworkfamilie wird ein Partner in die Familie integriert und bekommt keine neuen Kinder und bringt auch keine mit. Allerdings wissen wir nicht genau, wie viele Kinder in diesen einfachen Stieffamilien leben. Wir wissen auch nicht, wie viele davon Stiefväter- und Stiefmütterfamilien sind. Man kann dies immer nur schätzen, weil dazu keine statistischen Angaben ermittelt werden. Deutlich ist allerdings, dass insbesondere in den Großstädten die Zahl der Patchworkfamilien stark im Ansteigen ist. Gerade dort besteht ein sehr freiheitsbetonter Lebensstil. Wir wollen uns nicht zu sehr anpassen, suchen aber die Beständigkeit des Familienlebens und haben große Liebesansprüche. Deshalb wird in den kommenden Jahrzehnten die Zahl der Patchworkfamilien weiter zunehmen. Das war auch das Ergebnis einer Studie der Zeitschrift Eltern. 83% der Befragten waren der Ansicht, dass diese Familienform in den kommenden 20 Jahren an Bedeutung gewinnen wird.

Inzwischen erleben jeden Tag 400 Kinder in Deutschland die Scheidung ihrer Eltern. Kinder bis zu acht Jahren sind am häufigsten betroffen. Sie werden in Zukunft oft in mehreren Familien aufwachsen. Deshalb ist es sehr wichtig zu erforschen, wie solche Patchworkfamilien gelingen können.

Die eigentliche Herausforderung der neuen Patchworkfamilie besteht darin, dass ein neuer Familienverband entsteht, obgleich der biologische Vater bzw. die Mutter noch lebt. Dieses Familienmodell wurde Mitte der achtziger Jahre gesellschaftsfähig. Nicht mehr das sicherheitsbetonte Versorgungsdenken, nicht mehr Anpassung um jeden Preis, sondern das Recht auf Glück prägte nun unser persönliches Leben. Damals gab es eine Fernsehserie ‚Ich heirate eine Familie', in der alle in einer turbulenten

Großfamilie lebten. Doch hier wurde mehr das Glück, wurde mehr die unfreiwillige Komik dieser Familie dargestellt. Die Schwierigkeiten blieben weitgehend ausgespart. Dies war im allgemeinen Bewusstsein völlig anders. Man sprach damals meist von den Stieffamilien und assoziierte damit, dass es sich um verwaiste Kinder handelt, die stiefmütterlich behandelt werden. Denken Sie beispielsweise an die Märchen, in denen es von unbarmherzigen Stiefmüttern wimmelt. Erwähnt sei nur Aschenputtel. Ihre Stiefmutter zieht die eigenen Kinder vor, denen dann zur Strafe jeweils ein Auge ausgepickt wird.

Positiver Ausblick

Das schlechte Ansehen der Stieffamilien zeigte sich sehr deutlich in den Expertdiskussionen der neunziger Jahre. Unter Fachleuten wurde damals die Frage kontrovers diskutiert, ob eine Stieffamilie überhaupt dem Kindeswohl entsprechen könne. Wäre es nicht für die Kinder besser, wenn die Eltern zusammen blieben? Welchen Preis zahlen die Kinder für die Trennung? Mit diesen Fragen beschäftigte sich vor allem die Studie von Judith Wallerstein, die vor fast 15 Jahren in Deutschland erschien. Über 25 Jahre hinweg hatte sie in einer Langzeitstudie die Folgen einer Scheidung für Kinder erforscht. Sie stellte fest, dass eine Scheidung von den Kindern nicht als vorübergehende Krise erlebt wird. Vielmehr verursache sie schwere innere Blessuren, die erst im Erwachsenenalter aufbrechen. 40% der erfassten Scheidungskinder hätten nie geheiratet, sie litten häufiger unter Alkoholproblemen. Töchter hätten Mühe ein eigenes Leben aufzubauen, weil sie in einer schwierigen Loyalität mit ihren Müttern stehen. Deshalb appellierte Wallerstein an die Güte und Nachdenklichkeit der Eltern und forderte, bei Trennungsabsichten auf die Kinder Rücksicht zu nehmen.

Probleme in Stieffamilien

Tatsächlich kann das Zusammensein in den Patchworkfamilien sehr problematisch sein. Das Kernproblem kann darin bestehen, dass man eng miteinander lebt und eine betreuende Rolle ausfüllen müsste, in die man nicht hineingewachsen ist. Eine Studie des U.S. Department of Health and Human Services ergab, dass in den USA sowohl emotionale als auch körperliche und sexuelle Misshandlungen bei Kindern in Stieffamilien deutlich häufiger sind als bei Kindern anderer Familientypen. Gefährlich ist hier insbesondere das Lolita-Syndrom, also die Liebe zu einer heranwachsenden Frau. Der Stiefvater hat jene Inzestschranke nicht entwickelt, die sich meist ergibt, wenn man ein Kind von Geburt an betreut. Leider gibt es kaum verlässliche Aussagen über die genaue Zahl der sexuellen Übergriffe in Stieffamilien. Aber die Autoren Visher beschreiben, dass in einer Spezialklinik für Inzestproblematik 50% der Fälle die zwischen Stiefvater und Stieftochter waren. Dies mag auch daran liegen, dass man in Kernfamilien mehr vertuscht und zusammenhält. In den Stieffamilien werden solche Übergriffe vielleicht eher bekannt. Aber erschreckend ist diese Tatsache doch. Im Übrigen betrifft dies auch Misshandlungen. Nach amerikanischen Studien misshandeln sechsmal so viele Stiefväter ihre Stieftöchter als leibliche Väter. (Krähenbühl et al., S. 114)

Offenbar können Stieffamilien auch problematisch sein und zudem tragen dann die Kinder die Hauptlast bei Trennungen. Allerdings haben neuere Langzeitstudien gezeigt, dass Scheidungskinder den Familienbruch durchaus verarbeiten können. Wichtig ist jedoch, dass die Ex-Paare bereit sind, weiterhin als Eltern für die Kinder da zu sein. Das gelingt – oft mit professioneller Unterstützung – erfreulich häufig. Nur fünf bis zehn Prozent aller Trennungsfamilien werden als ‚hoch strittig' eingestuft. Dies zeigen die vielfältigen Programme, die sich mit der Bewältigung der Scheidungsfolgen beschäftigen. Sie haben das Ziel, Konflikte und Kränkungen aufzuarbeiten und mehr Verständnis für den anderen zu entwickeln. Damit wird die Basis für eine sachliche Zusammenarbeit gelegt.

Trennungen sind in den letzten Jahrzehnten normaler geworden. Im Allgemeinen hat sich dadurch das Zusammenwirken der getrennten Eltern versachlicht. Das hat sich auch unterstützend auf die Bildung von Patchworkfamilien ausgewirkt. Nun gibt es eine positivere Einschätzung dieser Familien und so ist man inzwischen dabei, die früheren Untersuchungen kritisch zu hinterfragen. Es hat sich nämlich gezeigt, dass die bisherigen Studien oft einen methodischen Mangel aufwiesen, weil die Daten fast aller Studien aus Beratungen gewonnen wurden. Konfliktreiche Familienverhältnisse wurden so verallgemeinert. Erst in der letzten Zeit werden in den Stichproben konfliktärmere Familien berücksichtigt, sodass zunehmend auch die guten Aspekte erkannt werden. Und nun zeigen neuere Studien sehr deutlich, dass es langfristig keine gravierenden Unterschiede zwischen Stief- und Kernfamilien gibt. Es bestätigen sich die Erkenntnisse der amerikanischen Familienexperten, die über eine längere Forschungstradition verfügen. Jetzt wird klar: In den Stieffamilien überwiegen die positiven Ereignisse. Denn Stiefeltern übernehmen grundsätzlich die gleichen Aufgaben wie die leiblichen Eltern.

Offenbar hängt es sehr vom familiären Setting und den betroffenen Kindern ab, wie die Scheidung verarbeitet wird. Alle neueren Studien weisen darauf hin, dass zwar ca. 25% der Scheidungskinder einen problematischen Entwicklungsverlauf haben – im Unterschied zu 10% der Altersgenossen aus Normalfamilien. Es gibt also Unterschiede, aber insgesamt sind die Ähnlichkeiten zwischen den Scheidungs- und den Nichtscheidungsfamilien größer. Und es gibt auch Scheidungskinder, die gestärkt aus dem Trennungsprozess der Eltern hervorgehen. Sie sind sozial interessiert, belastungs- und konfliktfähig. Offensichtlich hat sich das Modell Stieffamilie inzwischen grundsätzlich bewährt.

Der Begriff Stieffamilie

Diese positive Einschätzung wurde von einigen Experten bereits seit Jahrzehnten vertreten. Bei ihnen löste der Begriff Stieffamilie Unbehagen aus und deshalb sprachen sie schon vor 30 Jahren von Transition, von Übergang. Dieser Begriff sollte entdramatisieren, er sollte deutlich machen, dass sich neue Teile zusammenfügen. Sah man früher die Probleme, wollten sie nun auf die Möglichkeiten und Chancen einer solchen Familienform hinweisen. Doch dann setzte sich der Begriff Patchworkfamilie durch. Er wurde erstmals 1990 von der Übersetzerin Margaret Minker für die Herausgabe des Ratgeberbuches 'Die Patchworkfamilie' gewählt. Ein wunderbares Wort, es klingt so, als würde man aus alten Resten einer Familie eine schöne, eine bessere Familie schaffen. Dann entsteht eine Familienform, die sich nicht abschottet, sondern Neues integriert, wobei der Kontakt zur alten Familie erhalten bleibt.

Die Überwindung der Kleinfamilie

Mir hat diese Vorstellung immer sehr gefallen. Keine abgegrenzte Familie mehr, sondern ein offenes System. Die früheren Kernfamilien waren ja oft wie eine Festung (im Sinne der Typologie von Horst-Eberhard Richter). Man hatte kaum wirkliche Kontakte zu Freunden und anderen Familien. Nichts sollte nach außen dringen, Probleme sollten nicht weiter erzählt werden. Die Außenwelt wurde vor allem als feindlich empfunden.

Es war ein wichtiges Ziel der Studentenbewegung, dieses enge Modell der Kleinfamilie zu überwinden. Wir organisierten Kinderbetreuungen, um Eltern zu entlasten. Wir fanden Pateneltern, wenn die häuslichen Verhältnisse konfliktreich wurden. Wir hatten den Wunsch, dass Kinder in einem großen sozialen Netzwerk aufwuchsen. Insofern entsprechen die modernen Patchworkfamilien jenem Lebensmodell, das wir seit den sechziger Jahren angestrebt haben.

Sicherheiten gehen verloren

Nun klingt die neue Bezeichnung ‚Patchwork' zwar sehr modern, auch kuschelig, aber in der Realität ist das Zusammenleben oft schwierig. Die alten Beziehungs-Sicherheiten sind für die Kinder nicht mehr vorhanden. Sie machen vielleicht zum ersten Mal im Leben die grundlegende Erfahrung, dass Beziehungen scheitern können. Sie spüren schmerzhaft, dass in bestimmten Situationen auch auf langjährige Bindungen kein Verlass ist. Selbst wenn die Partnerschaft zwischen den Eltern schwierig ist: Kinder haben aus sehr persönlichen Gründen den Wunsch, dass ihre Eltern zusammenbleiben. Sie haben das Bedürfnis, dass damit eine stabile emotionale und soziale Versorgung gesichert ist. Zwangsläufig sind sie skeptisch, wenn ein neues Familienvorhaben beginnt, sodass sich unendlich viele emotionale Sprengfallen ergeben.

Die Fusion von zwei Unternehmen

Wenn sich die Eltern trennen und neue Partner suchen, ist dies für die Kinder immer ein Ausnahmezustand. Um dies etwas besser zu begreifen, hat Richard Fisch 1977 die Integration eines neuen Partners mit jenen Schwierigkeiten verglichen, die regelmäßig auftauchen, wenn zwei Unternehmen zusammengelegt werden. Einige Angestellte werden entlassen, andere degradiert, etliche sind verunsichert. Man hängt an den früheren Chefs, die Arbeitsmoral sinkt. Für jedes Unternehmen ist das eine große Herausforderung. Und ähnlich schwierig ist die Neuordnung einer Familie. Plötzlich haben die Kinder nicht nur die Trennung der Eltern zu verkraften, sie gehören nun zwei unterschiedlichen Systemen an, denn meist bringen die Stiefeltern – auch wenn es ihnen nicht bewusst ist – bestimmte Regeln des Zusammenlebens ein, die zunächst auf die Stiefkinder befremdlich wirken müssen. „Wir machen das anders", wird daher dem Stiefvater oder der Stiefmutter mitgeteilt. Schließlich bestehen die alten Familienrituale fort, die gemeinsam mit dem bisherigen Vater bzw. der Mutter entstanden sind.

Es war nicht ihre Entscheidung

Dies ist immer so konfliktreich, dass der dänische Erziehungsexperte Jesper Juul der Ansicht ist, man sollte eine Familienzusammenführung gründlich überlegen. Dem ist zuzustimmen, vor allem bei der Umsetzung der großen Lösung (Ich bringe meine Kinder ein und du deine) sollte man sich viel Zeit lassen. Dennoch drängen sich bestimmte Entwicklungen im täglichen Alltag geradezu auf. Die übliche wechselseitige Besuchsregelung (Mal sind wir bei mir und mal bei dir) war in unserem Fall nicht praktikabel. Deshalb hielt ich mich zunehmend in der Wohnung meiner neuen Partnerin auf. Ich zog dort aber nicht ein, sondern behielt meine eigene Wohnung. Wir wollten auch keine weiteren Kinder und dennoch herrschte ein Ausnahmezustand.

Dabei freute ich mich am Anfang durchaus auf die neunjährige Katharina. Aber sie freute sich nicht und war zunächst sehr häufig boshaft, gemein und verletzend. Schließlich war es nicht ihre Entscheidung, dass ich jeden Tag da war. Und sie hatte das Gefühl, dass die enge Beziehung zu ihrer Mutter durch meine ständige Anwesenheit gefährdet war.

Das Hauptproblem, das in Stieffamilien immer auftaucht, ist die Eifersucht. Meist sind Mutter und Tochter bzw. der Sohn eine intensive Bindung eingegangen. Die schlechte Ehe hat die Mutter-Kind-Bindung verstärkt, teilweise wurden die Kinder zum Partnerersatz. Das Kind wurde zum Gesprächspartner, es wurde in alle Entscheidungen einbezogen. Daher muss es rebellieren, wenn nun ein Mann oder eine Frau diese Stelle einnimmt. Es ist eine ungeheure Entthronung, ein Machtverlust, der für das Kind kaum zu verarbeiten ist.

Wie stark ein Kind gegen einen solchen Eindringling kämpfen kann, hat sehr anschaulich Elias Canetti in seiner Autobiographie beschrieben. Er schildert dort, dass seine Mutter mit einem Bekannten auf dem Balkon stand. Er stellte sich vor, dass sie sich küssen würden und dies sei ihm so unerträglich geworden, dass er sich wünschte, der Balkon möge abstürzen. Dass hierbei auch seine Mutter sterben würde, sei ihm nicht bewusst gewesen.

Die zwölf Hinweise für das Gelingen der Patchworkfamilie

In allen Familien gibt es Konflikte. Aber Patchworkfamilien haben offenbar ein ganz besonderes Reibungspotential. Doch wie kann man geschickt mit diesen Problemen umgehen? Jede Patchworkfamilie hat ihre individuelle Geschichte und daher sehr spezifische Schwierigkeiten. Es gibt darum keine Ratschläge, die universell gelten. Dennoch wollen wir einige wichtige Hinweise geben, um die unvermeidlichen Konflikte verstehen und bewältigen zu können. Wer sich in die Welt der Kinder und ihr Gefühl der Bedrohung hineinversetzen kann, hat die besten Chancen, die Probleme zu lösen. Wie dies möglich ist, wollen wir deshalb mit zwölf konkreten Hinweisen vermitteln. Wir beginnen mit den zwei Grundlagen für eine gute Patchworkfamilie:

GRUNDLAGE 1: Interesse für Kinder

Es ist ratsam, nicht sofort zusammenzuziehen und man sollte nicht so tun, als wäre man eine perfekte Familie. Dennoch ist es wichtig, dass sich der bzw. die Alleinerziehende einen Partner sucht, der sich auch für die Kinder interessiert. Es ist fatal, wenn dieser die Kinder nur als störendes Anhängsel betrachtet. Natürlich haben die Kinder kein Mitbestimmungsrecht, wenn es um die Partnerwahl der Eltern geht. Ich war doch recht verwundert, dass mir vor vielen Jahren ein Patient berichtete: „Als ich über das Internet eine Partnerin suchte, kam es zu einem Treffen und sie sagte mir, ich müsste mich erst dem Bewerbungsgespräch der Kinder stellen. Ich lehnte dankend ab."

Allerdings ist es entscheidend, dass der neue Partner ein großes Interesse für Kinder aufbringt, sich mit ihnen gern unterhält, mit ihnen spielt, Schularbeiten macht und sie als eine Bereicherung seines Lebens empfindet. Ob dies der Fall ist, merkt man schon in den ersten Tagen des Kennenlernens. Stellt er Fragen über die Kinder, interessiert er sich für sie, schaut er sich aufmerksam die Fotos an – oder hat er nur Augen für seine potentielle Partnerin?

GRUNDLAGE 2: Der Zeitkorridor

Für das Gelingen einer Patchworkfamilie ist es sehr günstig, dass sich die Eltern getrennt haben, bevor die neue Partnerschaft beginnt. Dann spricht man von einer freien Wahl (Free Choice). Schwieriger ist es, wenn der Stiefelternteil der Trennungsgrund war (Love Match). Bei Katharina war die Trennung ihrer Eltern noch nicht sehr lange her, sie war kaum in der Lage, die neue Situation in Ruhe seelisch zu verarbeiten. Für sie kam ich mindestens einige Monate zu früh. Familienexperten gehen von einem optimalen Zeitkorridor von ein bis zwei Jahren aus. Danach haben sich die Kinder daran gewöhnt, die Mutter für sich allein zu besitzen, was ebenfalls problematisch ist.

Die Grundlage 1 (Das Interesse für die Kinder) ist eine absolut notwendige Eigenschaft, damit das Projekt Patchworkfamilie gelingt. Doch die Grundlage 2 (Der Zeitkorridor) ist lediglich wünschenswert. Obwohl es in unserer Patchworkfamilie diesen optimalen Zeitkorridor nicht gab, entwickelte sich nach großen Konflikten trotzdem eine freundschaftliche Bindung mit Katharina. Dies war möglich, weil wir die vier Regeln des Zusammenlebens beherzigten.

Die vier Regeln des Zusammenlebens

In jeder Patchworkfamilie gibt es eine soziale Dynamik, die entweder von einem massiven Kampf oder einer zunehmenden Verständigung geprägt ist. Die wesentlichen Regeln für eine glückliche Patchworkfamilie wollen wir nun ausführlich darstellen:

ZUSAMMENLEBEN 1: Keine Vaterrolle / Mutterrolle anstreben

Für die Dynamik des Zusammenlebens ist entscheidend, dass keiner eine Rolle anstrebt, von der sich die anderen bedroht fühlen. Mein Beitrag zur langfristigen Konsolidierung bestand deshalb vor allem darin, dass ich nur selten versuchte, die Vaterrolle einzunehmen. Schon vor meinem Zusammentreffen mit Katharina wusste ich: Ich werde nicht der Vater sein. Natürlich fühlte ich mich trotzdem gelegentlich wie ein Vater, aber dann kam postwendend eine Korrektur. Doch aus diesem Verzicht ergab sich eine Zwickmühle. Ich musste mich in die neue Familie einfügen, sollte mithelfen – ohne aber wirklich in meiner Rolle gewürdigt zu werden. Dies ist ein verbreitetes Phänomen der Stieffamilien. Der australische Familienforscher Gay Ochiltree stellte in einer Studie fest, dass nur 25% der Kinder ihren Stiefvater als bestimmende Autorität ansehen. In intakten Familien würden demgegenüber 66% der Kinder ihren biologischen Vater als Autorität betrachten. Man kann sich also noch so sehr bemühen, man wird die Rolle des Vaters kaum einnehmen können.

Dies akzeptierte ich und Katharina entspannte sich zunehmend, weil sie deutlich spürte, dass ich keine Bedrohung für sie war. Ich konkurrierte nie bewusst mit ihrem Vater, obgleich meine Beziehung mit Katharina auch von pädagogischen Zielen geprägt war. Aber sie wusste, dass ich nicht seine Position einnehmen wollte. Vielleicht gab es deshalb auch nie die Drohung: „Dann gehe ich zu Papa."

Der väterliche Part

Obwohl der Stiefvater nicht versuchen sollte, die Vaterrolle einzunehmen, kann er sich jedoch ihr nicht ganz entziehen. Es gibt immer Probleme und Herausforderungen, die nach Lösungen verlangen. Mitunter hatte ich das Gefühl, dass Katharina es sogar provozierte, dass ich den väterlichen Part übernehme. Wenn sie das Frühstücksgeschirr nicht abräumte, forderte sie regelrecht einen Kommentar von mir heraus. Nach meiner Überzeugung wäre es sogar ein Fehler gewesen, nichts zu sagen. Ich hätte dann das Bedürfnis von Katharina nach Orientierung nicht erfüllt. Vor allem Jugendliche suchen manchmal ein Echo, auch eine Konfrontation, um daran reifen zu können. Und je älter Katharina wurde, desto mehr hatte ich den Eindruck, dass sie viele Entscheidungen von mir begrüßte. Wir lebten schließlich doch fast wie in einer klassischen Familie zusammen. Die Mutter war eher verständnisvoll-gewährend, ich war manchmal strenger und fordernder.

Dabei wusste ich immer, dass die traditionelle Vaterrolle mit den Aspekten eines autoritären Erziehungsstils (Das machst du jetzt bzw. das darfst du nicht) nicht funktionieren würde. Vielmehr war Überzeugungsarbeit gefragt. Als Katharina ständig sehr laut fernsah, schenkte ich ihr Kopfhörer. Wenn sie allein fernsehen wollte, haben wir uns geeinigt. Ich zog mich für eine Stunde zurück, sie akzeptierte, dass das Wohnzimmer dann wieder uns beiden gehörte. Unser Umgang miteinander war in einem großen Maß gleichberechtigt. Das ist auch die Empfehlung aller Stiefelternexperten. Sie sind der Meinung, das Familienleben könne nur gelingen, wenn der Stiefvater moderne Erziehungsgrundsätze beachten würde. Die Urteilsfähigkeit des Kindes müsse beachtet, die Autonomie respektiert werden. Zunehmend führt dies zu einem partnerschaftlich geprägten Verhältnis. Dem Jugendlichen wird dazu eine Mitgestaltung (Partizipation) der Beziehung eingeräumt.

ZUSAMMENLEBEN 2: Der gemeinsame Alltag

Manche Mütter versuchen, den Konflikt mit ihrem neuen Partner zu entschärfen, indem er immer nur wie ein Gast anwesend ist. Doch dann entsteht natürlich keine Patchworkfamilie. Wichtig ist es, dass es möglichst einen gemeinsamen Alltag gibt. Bereiten Sie also das Frühstück zu, helfen Sie beim Kochen, reparieren Sie die Fahrräder der Kinder, helfen Sie bei den Schularbeiten. So ergibt sich nach einiger Zeit immer eine gewisse Annäherung.

Diese Alltagserfahrung war mit Katharina besonders intensiv, weil sie vorwiegend bei der Mutter lebte. Ich kochte regelmäßig, ging auf Katharinas Wünsche ein und in der sehr kleinen Plattenbauwohnung konnte man sich nicht auf Dauer ausweichen.

ZUSAMMENLEBEN 3: Beziehungsrituale

Wichtig war auch, dass ich die Familienrituale respektierte. In jeder Familie gibt es solche Rituale: Man schaut sich bestimmte Fernsehsendungen gemeinsam an, alle gehen am Samstag einkaufen, am Sonntag spielt man zusammen ein Kartenspiel. Diese Rituale muss der ‚Neuankömmling' erspüren und respektieren, weil er sonst auf eine spontane Ablehnung stößt. Allerdings muss es langfristig auch neue Rituale geben, denn jedes weitere Mitglied der Familie ergänzt die Inhalte des Zusammenlebens.

Insbesondere sollte der Stiefvater die Beziehungsrituale respektieren, die zwischen Kindern und Mutter entstanden sind. Er sollte akzeptieren, dass Mutter und Tochter bzw. Sohn weiterhin viele Stunden miteinander verbringen. Ich war immer erstaunt, wie viel Zeit die Gespräche zwischen meiner damaligen Partnerin und Katharina in Anspruch nahmen. Jeden Abend redeten die beiden mindestens eine halbe Stunde miteinander und dieser intensive Austausch war wichtig dafür, dass sich die Unruhe von Katharina trotz aller Konflikte in Grenzen hielt. Auch wenn es Spannungen, Konflikte und Probleme gab – die regelmäßigen Mutter-Tochter-Termine standen nie zur Disposition.

ZUSAMMENLEBEN 4: Die Bereitschaft zur Annäherung

Das Zusammenleben von Stiefvätern bzw. Stiefmüttern und Kindern ist am Anfang fast immer konfliktreich. Doch dabei besteht die Gefahr, dass man die kleinen Annäherungen übersieht, die es ebenfalls gibt. Dazu muss man sich bemühen, die Familiendynamik immer wieder mit einem gewissen Abstand zu sehen. Weil mir das halbwegs gelang, konnte ich erkennen, dass es ungeachtet aller Schwierigkeiten eine Basis der Verständigung gab.

Trotz aller Probleme: Wir hassten uns nicht, es hätte schlimmer kommen können. Katharina empfand mich zwar als Eindringling und meinte, ich würde stören. Allerdings betonte sie, ich sollte dies nicht persönlich nehmen. Kleine Pluspunkte bekam ich von ihr häufig. Zwar verhielt sie sich manchmal sehr kämpferisch, aber sie vermied doch die totale Konfrontation. Sie blieb immer im Gespräch, auch wenn sie sehr streitlustig war und verweigerte sich nicht. Sie hätte ganz andere Saiten aufziehen können. Insgesamt waren wir beide irgendwie um Annäherung bemüht: Ich interessierte mich für ihre schulischen Probleme und seelischen Nöte. Und Katharina interessierte sich im Laufe der Jahre immer mehr für meine Projekte und mein Leben.

Die Vorteile der Patchworkfamilie

Auch wenn es anfänglich große Schwierigkeiten gab, blieb ich durchgängig von dem Modell Patchworkfamilie überzeugt. Ich hielt es für wesentlich besser als die Alternative des Alleinerziehens. Zum einen ist die Mutter in einer Partnerschaft meist glücklicher, was sich positiv auf die Erziehung auswirkt. Und dann ist es verhängnisvoll, wenn sich eine zu enge Mutter-Kind-Bindung entwickelt. Eine Entfaltung der Kinder setzt – neben der beständigen Nähe – auch eine kontinuierliche Ablösung voraus, sodass sich eine zu große Abhängigkeit eher negativ auswirkt.

Meist wäre es auch keine Alternative, dass die Eltern der Kernfamilie zusammenbleiben. Es ist nicht tragfähig für ein Zusammenleben, wenn die Kinder der einzige Grund sind, sich nicht zu trennen und daher in einer unglücklichen, ständig angespannten Stimmung aufwachsen. Deshalb haben Kinder manchmal sogar den Wunsch, dass die Eltern sich trennen mögen. So fühlte ich jedenfalls in meiner Kindheit. Ich verstand nie, warum sich meine Eltern nicht scheiden ließen. Die Ehe meiner Eltern war so destruktiv, dass wir Kinder hofften, mein Vater würde endlich die Geduld verlieren. Aber meist ist für die Kinder – trotz aller Schwierigkeiten - das Zusammenbleiben der Eltern eine Basis für eine große Verlässlichkeit und Sicherheit. Deshalb ist klar, dass die Kinder in Patchworkfamilien im konkreten Alltag den Vorteil einer solchen neuen Familienkonstellation erleben müssen. Das ist eine notwendige jahrelange Überzeugungsarbeit.

Die Bonus-Eltern

Zunächst erleben die Kinder die anderen Lebenseinstellungen des Stiefvaters als Bedrohung, doch sie können auch eine Bereicherung sein. Er bringt neue Lebenserfahrungen und Lebensmodelle in die Familie ein und Jesper Juul ist sogar der Ansicht, man solle nicht von Stiefeltern, sondern von Bonuseltern reden. Erfreulich ist, dass in unserer Umfrage immerhin 72% der Stiefeltern und 68% der Stiefkinder das Zusammenleben als Bereicherung empfanden. Patchworkfamilien sind heutzutage offenbar ein Familienmodell, das meist positiv verläuft.

Einzelkinder oder Geschwister?

Viele Kinder können langfristig für eine Partnerschaft ein großer Glücksfall und Bindungsfaktor sein. Aber in unserem Fall empfand ich es eher als großen Vorteil, dass Katharina Einzelkind war. Bei mehreren Kindern ergibt sich meist eine größere Binnen-Bindung. Die Kinder halten sehr zusammen, sie sind dadurch von der Zuwendung der Eltern unabhängiger. Das kann die Bildung einer Patchworkfamilie erleichtern. Es kann aber auch dazu führen, dass die Kinder eine Gruppe für sich darstellen, sodass die Bindung an den Stiefvater, die Stiefmutter sehr gering bleibt.

Und Katharina blieb Einzelkind. Es war für sie und für uns eine Erleichterung, dass ich keine eigenen Kinder hatte. Vor allem für Katharina wäre es eine große Herausforderung gewesen, wenn sie plötzlich Geschwister gehabt hätte. Und auch für mich war die Situation unkomplizierter, weil ich nicht die Verantwortung für eigene Kinder tragen musste.

Vätern mit Kindern geht es oft schlecht, wenn diese bei der Mutter bleiben. Sie leiden dann unter dem Gefühl, ihre Kinder im Stich gelassen zu haben. Doch wir mussten nur mit der Situation eines Kindes klarkommen und insofern stimmte unsere soziale Situation mit der Mehrheit aller Stieffamilien überein. Mehr als zwei Drittel der Stiefkinder leben in einfachen Stieffamilien und nur etwa ein Drittel lebt in einer Familie, in der beide Partner ihre Kinder eingebracht haben.

Die älteren Kinder

Außerdem empfand ich es als Vorteil, dass Katharina erst neun Jahre alt war, als wir uns kennen lernten. Je jünger Kinder sind, desto eher nehmen sie den neuen Partner als wichtigen Teil der Familie wahr. Bei größeren Kindern ist dies problematisch. Sie sind bereits eigenständiger und erleben den neuen Partner eher als Fremdkörper, den sie nicht in ihr Leben integrieren. Schwierig ist es vor allem, wenn die Kinder schon in der Pubertät sind.

Sie sind dann mehr auf ihre Peer-Group bezogen und nabeln sich stärker ab, wenn sich die Mutter neu verliebt.

Die Problematik der Stiefmutter

Die Stiefvaterfamilie ist bei getrennten Familien die häufigste Familienform. Und Stiefväter haben es erheblich einfacher als Stiefmütter, weil sie eine untergeordnete Rolle im Familienleben spielen. Schließlich hat die Mutter noch immer die wichtigste emotionale Bedeutung. Deshalb steht eine Stiefmutter meist vor einer kaum zu lösenden Aufgabe: Sie soll sich um die Kinder kümmern, ohne mit der biologischen Mutter in Konkurrenz zu treten. Wie schwierig dies ist, zeigen die zahlreichen Märchen von der bösen Stiefmutter.

Die sechs psychologischen Hinweise:

Nachdem wir auf die wichtigen Faktoren des Zusammenlebens hingewiesen haben, wollen wir noch einmal die Frage stellen: Was machen die glücklichen Patchworkfamilien richtig? Wie müssen sich vor allem die Zweit-Väter verhalten, damit das Zusammenleben gelingt? Darauf gehen wir nun in den entscheidenden sechs psychologischen Hinweisen ausführlicher ein:

PSYCHOLOGIE 1: Verständnis

Frisch verliebte Eltern sind so gut wie immer überschwänglich, wenn sie einen neuen Partner gefunden haben. Oft sind sie fest davon überzeugt, dass ihre Kinder das neue Familienmitglied mit offenen Armen empfangen werden. Aber Kindern fällt es oft schwer, einen bisher unbekannten Partner der Eltern zu akzeptieren. Diese Ablehnung der Kinder muss man verstehen, dies ist der Hauptfaktor für das Gelingen der Patchworkfamilie. So sehr mich das Verhalten von Katharina manchmal störte: Mir war völlig klar, dass sie mich nicht ausgesucht hatte. Ich war nicht ihre Entscheidung. Gewissermaßen kam ich ohne ihr Einverständnis. Deshalb gab es nur eine Möglichkeit: Ich musste sie langfristig davon überzeugen, dass meine Anwesenheit auch für sie günstig war.

Wenn wir für das ‚Verstehen' plädieren, bedeutet dies jedoch nicht, dass man nun alles akzeptieren muss. Man darf sich gegen die kleinen Rachepläne und Entwertungen wehren und muss dies auch in der Partnerschaft gelegentlich thematisieren. Aber die Konflikte schaukeln sich erheblich weniger hoch, wenn die Stiefeltern ein tiefes Verständnis für die Kinder entwickeln.

Allerdings muss der Stiefvater nicht nur seine Stiefkinder, sondern auch sich selbst begreifen. Sonst wird er vom gefühlten Opfer zum Täter, weil er ungeschickt und unangemessen reagiert. Und dies ist fast immer der Fall. Deshalb ist es nie so, dass die Stiefkinder nur die Bösen und die Stiefeltern durchgängig die Heiligen sind. Ständig trägt man eigene Schwierigkeiten in die Beziehung hinein. Bei mir war es eine große Konfliktscheu, die ich überwinden musste. Manchmal bewunderte ich sogar Katharina, die in der Pubertät so offen ihre Meinung äußerte. Meine eigene Pubertät fand nicht statt, weil mein Vater sehr krank und meine Mutter sehr schwierig war. Manchmal hatte ich den Eindruck, von Katharina zu lernen. Sie vertraute ihren Affekten, sie konnte damit umgehen, sich damit auch einmal unbeliebt zu machen. Unsere Annäherung bestand also auch darin, dass jeder für den anderen zum Lehrmeister wurde.

PSYCHOLOGIE 2: Frustrationstoleranz

Halbwegs geschickt werden Stiefeltern nur reagieren können, wenn sie über ein einigermaßen gutes Selbstbewusstsein verfügen und ausreichend im sozialen Leben verwurzelt sind. Man ist also auf intensive eigene Freundschaften und möglichst auch auf eine Verankerung im Berufsleben angewiesen. Nur dann haben wir die erforderliche Frustrationstoleranz und können mit den unvermeidlichen Schwierigkeiten umgehen.

Glücklicherweise hatte ich mir eine stabile Lebensbasis – auch jenseits der Familie - aufgebaut. Wenn ich las und Bücher schrieb, gab es für mich innere Rückzugsräume. Und regelmäßig unterstützten mich gute Freunde, wenn es einmal schwierig wurde und ich war dann wieder bereit, mich auf die neue Familie einzulassen. Doch auch Katharina tauschte sich sehr viel mit ihren Freundinnen aus, was sie nicht nur entlastete. Vielmehr bekam sie manchmal vermittelt, ich sei doch gar nicht so schlimm.

PSYCHOLOGIE 3: Geduld - es dauert viele Jahre

Aber diese ausreichende Frustrationstoleranz entsteht nur, wenn man ahnt, wie viele Jahre der Prozess der Annäherung dauert. Denn man braucht viel Geduld. Nun gibt es sehr unterschiedliche Einschätzungen, wie lange es dauert, bis Patchworkfamilien zusammenwachsen. Die amerikanischen Autoren Emily und John Visher gehen davon aus, dass sich nach 20 Monaten eine erste Konsolidierung ergibt. Doch Patricia Papernow ist überzeugt, es würde 4 bis 12 Jahre dauern, während Dorothee Döring von 5 Jahren ausgeht. Offensichtlich lässt sich eine feste Zeitdauer kaum voraussagen.

Sicher ist jedoch, dass Sie extrem viel Geduld aufbringen müssen. Deshalb schreibt der Erziehungsexperte Jesper Juul: „Eine Familienzusammenführung braucht so viel Energie, Beharrlichkeit, Verantwortungsgefühl und Kompromissfähigkeit, wie Sie es sich nie hätten vorstellen können. Bis eine neue Familie zusammenwächst, dauert es in 99 Prozent aller Fälle fünf bis zehn Jahre."

Tatsächlich zeigte sich erst nach fast vier Jahren in unserer Patchworkfamilie eine erste Normalisierung. Das ist wahrscheinlich ein üblicher Zeitraum. In unserer Umfrage wollten wir wissen: „Wie lange hat es gedauert, bis sich die Beziehung zu ihrem jetzigen Status entwickelt hat?" Die Antworten ergaben eine durchschnittliche Zeit von über drei Jahren.

Man erahnt die Schwierigkeiten

Nun sind zwar manche Männer unrealistisch hinsichtlich der Schwierigkeiten, die sie in einer Stieffamilie erwarten. Aber die meisten ahnen doch, dass einige Probleme auf sie zukommen, wenn sie sich in eine Frau mit Kind verlieben. Auch durchaus kinderfreundliche Männer befürchten zu Recht, dass sie sich bei einer solchen Kleinfamilie auf ein Machtspiel einlassen würden, bei dem sie leicht den Kürzeren ziehen. Im Vergleich zu alleinstehenden Frauen bekommen Mütter daher bei Annoncen 60 % weniger Zuschriften.

Dass die Sorgen der Männer nicht ganz unberechtigt sind, zeigt eine neue Studie aus den USA. Dort begleitete ein Psychologenteam sowohl normale Kleinfamilien als auch Stieffamilien sieben Jahre lang mit der Videokamera. Dann wurden die Filme verglichen. Es zeigte sich, dass in den Stieffamilien ein erheblich größerer Beziehungsstress herrschte. Meist wurde der Vater eher verklärt, da dieser abwesend war und der Stiefvater bekämpft.

Die Loyalitätskonflikte der Kinder

Aber nicht nur für die neuen Partner ist es schwierig, auch die Kinder leiden. Sie wollen den guten Kontakt zu beiden Elternteilen behalten und spüren meist, dass dies weder von der Mutter noch vom Vater aufrichtig gewünscht wird. Die Tochter soll nicht erzählen, wie wohl sie sich beim Vater gefühlt hat. Und völlig tabu ist das Thema: Die neue Partnerin des Vaters. Und der Vater will nicht wissen, über welche positiven Eigenschaften der Ziehvater verfügt und dass die Mutter glücklicher ist, nachdem sie sich wieder verliebt hat. So entsteht bei der Tochter oder dem Sohn immer ein Loyalitätskonflikt, der sich noch dadurch verschärft, dass die Kinder den Zweit-Vater, die Zweit-Mutter akzeptieren sollen.

Eltern bleiben Eltern

Es kränkte mich manchmal, wie sehr Katharina ihre Eltern selbstverständlich liebte, während ich mir meine Bedeutung in der Familie mühsam erarbeiten musste. Aber ich fand mich bald damit ab, weil ich ohnehin der Überzeugung war, dass es bei Kindern vor allem auf die gute und ständige Präsenz ankommt. Anders gesagt: Es kommt darauf an, wer die Schulbrote schmiert, sich die täglichen Sorgen anhört und sich um die vielen Kleinigkeiten kümmert. Das wird mitunter als die soziale Elternschaft bezeichnet. Ich bin daher überzeugt, dass diese soziale Elternschaft und biologische Eltern keine Konkurrenz sein müssen. Bei einem konstruktiven Zusammenwirken aller Beteiligten ergänzen sie sich. Aber je länger sich die Stiefeltern um ein Kind kümmern, desto wichtiger wird natürlich ihr Einfluss. Das ist auch die Auffassung des Soziologen Vaskovics. Er ist der Meinung, dass die soziale Elternschaft das Wichtigste sei.

Die eifersüchtigen Mütter

Nun sind die Konflikte zwischen einem Stiefvater und der Tochter längerfristig noch relativ leicht zu lösen. Doch viel schwieriger wird die häusliche Situation, wenn plötzlich die pubertierende Tochter erfasst, dass der neue Mann der Mutter doch ganz nett ist und ihre eigenen Reize ausprobiert. Das kann das Ende der Partnerschaft sein, wenn die Mutter eifersüchtig wird. Ich habe in der psychotherapeutischen Praxis immer wieder erlebt, dass die Mütter sehr großzügig sein konnten, solange sie sich der Beziehung zur Tochter sicher waren. Aber zur Pubertät gehört nahezu zwangsläufig auch der Aufstand gegen die Mutter, die Ablösung von ihr und dies ist umso wichtiger in einer Beziehung, in der die Mutter aufgrund der schlechten Ehe zur engen Freundin wurde. Die Tatsache, dass die eigene Tochter plötzlich die Mutter ablehnt, sich mitunter stärker dem männlichen Partner zuwendet, kann für die Mutter eine dermaßen starke Kränkung sein, dass die Partnerschaft in ein schwieriges Fahrwasser geraten kann.

Der neue Partner als Berater

Eifersuchtsgefühle können eine Herausforderung sein, die sonst eher unbemerkten Lebens- und Beziehungsprobleme zu lösen. Und für selbstbewusste Mütter kann es sogar eine große Entlastung sein, wenn sich der Partner intensiv um die pubertierenden Kinder kümmert. So berichtete mir eine Mutter: „Als meine Kinder in die Pubertät kamen, hatte ich einen neuen Lebenspartner, der nicht nur viel Erfahrung als Pädagoge mitbrachte, sondern vor allem auch eine zutiefst herzliche und humorvolle Einstellung gegenüber Kindern und Jugendlichen hatte. Während ich mich in allen möglichen Autoritätskonflikten aufrieb, schaute er aus einer gewissen Distanz zu und mischte sich nicht allzu sehr ein. Nur manchmal berichtete er sehr humorvoll von seinen eigenen wilden Jugendjahren. Er hatte eine sehr schwierige Kindheit gehabt, aber seine Adoptivmutter war eine kluge und liebevolle Person gewesen. Sie konnte streng sein, aber sie hatte ihn immer unterstützt, selbst wenn er wieder einmal etwas angestellt hatte. Mit einem Augenzwinkern kam manchmal sein Satz „Ja, ja, in diesem Alter haben sie doch wirklich nur Mist im Kopf. Wie bei einer Baustelle: Wegen Umbau geschlossen!" Das half mir immer wieder, einen Abstand herzustellen und unsere Kämpfe quasi von außen zu betrachten. Seine grundsätzliche Liebe zu Kindern färbte auf mich ab. Ich entwickelte mehr Verständnis, war weniger beleidigt und konnte großzügiger mit den Kindern umgehen."

PSYCHOLOGIE 4: Sich einbringen

Das Projekt Patchworkfamilie kann langfristig nur gelingen, wenn der neue Partner seine vielfältigen Fähigkeiten in die Familie einbringt. Er sollte über ein großes soziales Interesse verfügen. Dann spielt er mit den Kindern Tischtennis oder Fußball, geht mit ihnen zum Arzt, ist Ansprechpartner, macht Schularbeiten, übt mit ihnen Klavier. Wichtig hierbei ist seine soziale Kompetenz. Seine Freundlichkeit, seine Fähigkeit zuzuhören und Konflikte zu klären, sind entscheidend für das Gelingen der neuen Familie. Auf diese Weise haben Kinder nach einigen Jahren das Gefühl: Zusammen geht es uns besser als allein. Dann können sie überzeugt sagen: Andere haben nur zwei Eltern, ich habe vier. Was für eine Bereicherung!

PSYCHOLOGIE 5: Qualität der Partnerschaft

Wichtig für das Gelingen des Stiefeltern-Modells ist aber vor allem die gute Partnerschaft. Genauer gesagt: Das gute Team zwischen Mutter und Ziehvater. Sie müssen sich einig sein – möglichst auch in ihrem Verhalten gegenüber den Kindern. Die eigentliche innovative Basis der neuen Patchworkfamilie ist die Partnerschaft. Diese Beziehung hat immer eine Ausstrahlung, hier werden Absprachen getroffen, hier müssen Konflikte besprochen und eine gemeinsame Lösung gefunden werden.

Ich beschäftige mich seit über 30 Jahren mit der Frage: Wie können Partnerschaften gelingen? Ich bin überzeugt, dass man hierzu zwei scheinbar gegensätzliche Eigenschaften benötigt. Man braucht ein gutes Ego, um die eigenen Wünsche und Ziele zu erkennen und zu vermitteln. Man braucht aber vor allem viel Sozialkompetenz. Eine Partnerschaft ist immer ein Test auf soziale Fähigkeiten und das zeigt sich insbesondere in einer Patchworkfamilie. Und dies bedeutet für das Paar, dass sie über ihre Gefühle, Konflikte und Kränkungen viel reden müssen. Von diesem Austausch hängt es sehr stark ab, ob das Projekt Patchworkfamilie gelingt.

Gerade in Patchworkfamilien besteht die Gefahr, dass keine genügende Nähe in der Partnerschaft entsteht und dass diese zudem durch die schwierigen Kinder belastet wird. Nur zu leicht gibt es dann Streitgespräche über das Erziehungsverhalten. „Du verwöhnst den Kleinen zu sehr, du verhältst dich so, als wäre er ein Partner." – ist ein typischer Vorwurf der Stiefväter. An die Stelle konstruktiver Partnerschaftsgespräche treten dann Vorwürfe und Streitigkeiten über das richtige Erziehungsverhalten.

PSYCHOLOGIE 6: Kooperation der Eltern

Wie die Kinder zum neuen Partner stehen, hängt sehr stark davon ab, ob es eine halbwegs vernünftige Beziehung zwischen den getrennt lebenden Eltern gibt. Sind diese sehr zerstritten, entsteht immer eine große Unruhe. Die Kinder spüren dann, dass jeder Elternteil leicht kränkbar ist. Vor allem der Vater ist empfindlich, wenn er merkt, dass sich die Kinder bei seinem ‚Nachfolger' wohlfühlen. Und die Mutter will meist nicht hören, dass sich die Kinder sehr gern beim Vater aufhalten. Die Kinder sind dann in der Rolle der Vermittler, sie müssen sehr diplomatisch darauf achten, weder die Mutter noch den Vater zu verletzen.

Der abwesende Vater

Weniger wichtig für das Patchwork-Projekt ist die Rolle des biologischen Vaters. Ob er sich gut kümmert oder wenig ist nicht entscheidend. Und zugleich ist eine gute Beziehung zum Ziehvater keine Bedrohung für den biologischen Vater. Er muss keine Angst davor haben, dass er verdrängt wird. Dies jedenfalls ist das Ergebnis einer amerikanischen Studie mit 1700 Jugendlichen. Sie hat gezeigt, dass sich durch den Ziehvater die Beziehung zum getrennt lebenden Vater kaum veränderte.

Entscheidend für das Gelingen der Patchworkfamilie ist allerdings die Persönlichkeit des Ziehvaters. Es kommt sehr auf sein Verhalten an: Er muss sich engagieren und zugleich akzeptieren, dass der abwesende Vater für das Kind lange Zeit wichtiger war und ist als er. Es sollte ihn jedoch beruhigen, dass er auf Dauer eine bedeutende Rolle im Leben der Kinder spielt – das zeigt eine Zusatzstudie zum 3. Familiensurvey. Vor allem die Entwicklung der Jugendlichen in der Pubertät hängt erheblich davon ab, wie gut die Beziehung zum Zweit-Vater ist.

Um diese Rolle ausfüllen zu können, muss der Zweit-Vater sehr geduldig und belastungsfähig sein. Er darf nicht zu schnell gekränkt sein, wenn es Konflikte gibt. Dabei hilft eine sachliche, gelassene Lebenseinstellung und vor allem Humor. Meine schwierige Annäherung an Katharina wurde auch durch meine Überzeugung erleichtert, dass man sich die wichtigsten Dinge im Leben erarbeiten muss. Vor allem war ich mir immer bewusst, dass es bei der Verwirklichung alternativer Familienformen alle Beteiligten schwer haben. Jeder in der Familie braucht Mut, Geduld und viel Toleranz.

Wenn Sie über diese Eigenschaften verfügen, haben Sie die Fähigkeit, völlig neue Familienmodelle zu wagen. Sie sind dann nicht auf die ‚normale' Kernfamilie festgelegt. Vielmehr verfügen Sie über die Freiheit, die Potentiale neuer Beziehungsformen auszuschöpfen. Das gelingt aber nur, wenn Sie offen füreinander sind und sich mit Achtung begegnen. Dann entstehen Familienformen, die auch für Kinder eine große Chance beinhalten. Wenn Kinder in alternativen Familienformen aufwachsen, sind sie - so die Erkenntnis von Familienforschern - oft eher in der Lage, Verantwortung zu übernehmen und sensibler auf gesellschaftliche Diskriminierungen zu reagieren. Und sie verfügen über flexiblere Rollenauffassungen von Mann und Frau als Kinder aus traditionellen Familien.

Katharina: Die positive Bilanz

Allgemein gelten Einzelkinder als weniger sozial und man ist überzeugt, dass sie nicht so gut teilen können wie Kinder mit Geschwistern. Ich fand immer, dass diese These relativiert werden muss, wenn zum Beispiel ein Stiefelternteil dazu kommt. Schließlich ändert sich hier die Lebenssituation und man muss lernen, sich neu anzupassen. Für mich war Wolfgang zu Beginn ein Eindringling, jemand, mit dem ich plötzlich meine Mutter teilen musste. Ich musste lernen, mich einzuschränken - zumindest in meiner Wahrnehmung.

Oft kam von Wolfgang die Frage: Wann bist du denn mal weg? Wann fährst du zu deinem Vater? Wann übernachtest du das nächste Mal bei einer Freundin? Sicherlich kann ein Stiefelternteil nicht mit einem Geschwisterkind verglichen werden, aber ich war nicht immer die Nummer eins, weil gelegentlich auch Wolfgangs Vorstellungen und Wünsche respektiert werden mussten. Wolfgang war ein Konkurrent und ich musste um die Aufmerksamkeit meiner Mama konkurrieren. Zumindest empfand ich es so.

Rückblickend würde ich sagen, dass ich durch Wolfgang gelernt habe, sozialer zu werden. Denn ich musste es schaffen, Konflikte zu bewältigen, mich anderen Meinungen und Vorstellungen zu stellen. Ich musste lernen, mich anzupassen oder andere Regeln zu akzeptieren und Kompromisse auszuhandeln. Für mich waren dies schwerwiegende Veränderungen.

In meinem Schul- und Freundeskreis waren Scheidungen der Eltern eine Normalität. Wir sprachen oft über die alltäglichen Konfrontationen mit einem Stiefelternteil. Im Gegensatz zu meinen Freunden hatte ich jedoch unter bestimmten Aspekten mit Wolfgang Glück. Er war zum Beispiel im Gegensatz zu anderen Stiefeltern nicht ungeduldig. Viele Stiefväter verlieren schnell die Nerven und werden gereizt. Auch waren das Interesse und die Unterstützung gegenüber einem Stiefkind bei vielen Stiefeltern nicht so ausgeprägt wie ich das bei Wolfgang erlebte. Er versuchte aber bei aller Unterstützung nicht, mir etwas aufzuzwingen. Eine Freundin von mir musste alle zwei Wochen zu der Großfamilie ihres Stiefvaters fahren. Sie empfand dies als große Belastung, denn es entsprach nicht dem, was sie als Teenager mit 16 Jahren unternehmen wollte. Wolfgang unternahm mit seinem Freundeskreis oft alleine etwas. Es war nicht nötig, mich zu Aktivitäten zu zwingen, die ich nicht wollte.

Jedenfalls habe ich davon profitiert, dass Wolfgang mein Stiefvater wurde. Es war toll, dass er regelmäßig kochte. Und vor allem: Er wurde zunehmend für mich zu einem wichtigen Gesprächspartner. Außerdem wurde er für mich ein Vorbild dafür, wie man sich einen großen Freundeskreis aufbaut. Ich schätzte seine Buchprojekte, die oft viele Jahre in Anspruch nahmen. Ich fand es toll, wie er Vorträge halten konnte, wie schlagfertig er in Talkshows auftrat.

Mich hat diese Erfahrung mit Wolfgang sehr verändert. Ich war natürlich traurig, als sich meine Eltern trennten. Aber ich habe dann eine wichtige Erfahrung gemacht: Veränderungen – so tragisch und dramatisch sie anfänglich auch sein mögen - können dennoch positiv verarbeitet werden. Diese Erfahrung hat bei mir dazu geführt, dass ich in Krisensituationen ruhiger wurde. Und es hilft mir heute dabei, sowohl im Beruf als auch im Familienleben schwierige Situationen zu meistern.

Literatur

Anne Bernstein, Die Patchworkfamilie. Wenn Väter oder Mütter in neuen Ehen weitere Kinder bekommen, Stuttgart 1990

Inga Bethke-Brenken, Günter Brenken, Mut zur Patchwork-Familie: So gelingt das neue Miteinander, München 2011

Walter Bien, Angela Hartl, Markus Teubner, Stieffamilien in Deutschland, Opladen 2002

Gerhard Bliersbach, Leben in Patchworkfamilien, Giessen 2010

Sonia Combe, Deine, meine, unsere Kinder, Freiburg 1998

Dorothee Döring, Familienglück im zweiten Anlauf, Weilersbach 2010

Helga Häsing, Mutter hat einen Freund, Frankfurt am Main 1983

Jesper Juul, Aus Stiefeltern werden Bonus-Eltern: Chancen und Herausforderungen für Patchwork-Familien, München 2011

Verena Krähenbühl, Hans Jellouschek et al. , Stieffamilien, Struktur – Entwicklung – Therapie, Freiburg 2001

Melanie Makoe, Mama goes Patchwork, Leipzig 2015

Melanie Matzler-Köhler, Das Patchworkfamily-Notfallbuch, Leipzig 2014

Melanie Mühl, Die Patchwork-Lüge. Eine Streitschrift, München 2011

Matthias Ochs, Rainer Orban, Familie geht auch anders: Wie Alleinerziehende, Scheidungskinder und Patchworkfamilien glücklich werden; Augsburg 2011

Una M. Röhr-Sendlmeier und Stefanie Greubel, Die Alltagssituation von Kindern in Stieffamilien und Kernfamilien im Vergleich, Heidelberg 2011

Claudia Starke, Thomas Hess, Nadja Belviso, Das Patchwork Buch, Weinheim und Basel 2015

Kathie M. Thomson, Eine Patchwork Familie managen: Ratschläge für das Gelingen einer glücklichen und starken Patchworkfamilie mit zufriedenen Eltern, Leipzig 2016

Emily H. Visher, John S. Visher, Stiefeltern, Stiefkinder und ihre Familien, Weinheim 1995

Ulrike Zartler, Valerie Heinz-Martin, Oliver Arránz Becker (Ed.), Family Dynamics after Separation. A Life Course Perspective on Post-Divorce Families. Special Issue ZfF, Volume 10, 2015

Umfrage: Stiefeltern und Stiefkinder

Ergebnisse

Ist für Sie der Stiefvater, die Stiefmutter – aus jetziger Sicht – eine Bereicherung?
Ja   71,9%
Nein   28,1 %

Sind für Sie das Stiefkind/er - aus jetziger Sicht – eine Bereicherung?
Ja   67,7%
Nein   32,2 %

Wie alt waren die Stiefkinder, als Sie sie kennen lernten?
Jünger als 10 Jahre   56,9%
10-16 Jahre   33,8%
17 Jahre und älter   9,2%

Bei wem wachsen/wuchsen Sie auf?
Mutter   47,7%
Vater   5,3%
Bei beiden   47,4%

Haben Sie mehrere Stiefkinder?
Ja   50,8%
Nein   49,2%

Wie oft erleben bzw. erlebten Sie in der schwierigsten Zeit Konflikte miteinander?

Täglich	25,4%
Wöchentlich	50,8%
Monatlich	7,4%
Seltener	16,4%

Wie lange hat es gedauert, bis sich die Beziehung zu ihrem jetzigen Status entwickelt hat?

1-3 Jahre	54,5%
4-5 Jahre	36,4%
6-9 Jahre	7,1%
10 Jahre und mehr	2,0%

Unsere Langzeitstudie haben wir durch eine umfassende wissenschaftliche Studie ergänzt, die aus siebzig mehrstündigen tiefenpsychologischen Interviews bestand. Diese wurden durch eine Umfrage vertieft, die über das Internet-Programm Survio mit 122 Teilnehmenden durchgeführt wurde.

Informationen, Veranstaltungen und Zuschriften siehe:
Homepage: dr-wolfgang-krueger.de

Dr. Wolfgang Krüger im BOD-Verlag

Macht und Leidenschaft in der Liebe, Destruktive Machtprozesse sind die wichtigste Ursache für das Scheitern von Partnerschaften. Dabei gibt es in jeder Liebesbeziehung vom ersten Moment an Machtkonflikte, die wir frühzeitig erkennen sollten. Nur wenn wir bewusst und souverän mit dieser Macht umgehen und faire Konfliktmuster finden, können wir den Traum einer leidenschaftlichen Partnerschaft realisieren.

So gelingt die Liebe – auch wenn der Partner nicht perfekt ist Wie sich 90% aller Liebesbeziehungen verbessern lassen, wenn wir es lernen, eine Partnerschaft mit uns selbst zu pflegen.

Effi Briest auf der Couch - Eine psychologische Reise durch zwölf Liebesromane. Ein ungewöhnlicher Liebesratgeber, in dem das gesamte heutige Wissen über die Kunst der Liebe enthalten ist.

Eifersucht – Der selbstbewusste Umgang mit einem ungeliebten Gefühl. Eine sehr lebensnahe Anleitung, wie man die eigenen Eifersuchtsgefühle überwinden kann.

Treue – Der Konflikt zwischen Vertrauen und Begehren Dies ist ein Buch für alle, die rechtzeitig einen Seitensprung erkennen wollen, einen Seitensprung verkraften mussten und lernen wollen, treu zu sein, ohne dass sie das Gefühl haben, auf etwas zu verzichten.

Die erfüllte Sexualität – Erkenntnisse aus zwölf erotischen Romanen. Jeder kann einen erfüllten, himmlischen Sex erleben. Mit sehr konkreten Hinweisen und Fragen zeigt das Buch auf, wie wir unsere Sexualität verbessern können.

Nähe und Autonomie in der Liebe. Liebe gelingt, wenn unser Wunsch nach Nähe in Erfüllung geht und wir zugleich unsere Autonomie-Bedürfnisse ausleben können. Wie das Nähe-Distanz-Gleichgewicht immer wieder neu ausgehandelt werden kann, zeigt dieser lebensnahe Ratgeber.

Freundschaft: Beginnen – verbessern – gestalten
Ein sehr anschaulicher Ratgeber über die Kunst der Freundschaft.

Die Geheimnisse der Großeltern – unsere Wurzeln kennen…
Jeder von uns ist geprägt durch seine Beziehung zu den Großeltern. Ihr Schicksal müssen wir kennen, um die Familiengeheimnisse und Familienaufträge, die Defizite und traumatischen Ereignisse zu entschlüsseln. Sehr anschaulich macht Krüger deutlich, welche Familiengeheimnisse den Zugang zu den eigenen Kräften einschränken und welche Familienschätze uns bereichern.

Tomaten, Nachbarn, Gartenzwerge - Wie ich Laubenpieper wurde.
Ein Buch über neugierige und hilfsbereite Nachbarn, über die Komik und den alltäglichen Wahnsinn in einer Laubenkolonie. Und eine Liebeserklärung an das Leben in der Natur: an das Prasseln des Regens, das Geschrei der Krähen und das Glück des Gärtners.

Humor für Anfänger und Fortgeschrittene
Der Humor ist der wichtigste Schlüssel für unser Lebensglück. Deshalb stellt Krüger ein Humorprogramm für Anfänger und Fortgeschrittene vor, das unser Leben innerhalb von drei Monaten tiefgreifend verändern kann.

Bindungsängste heilen, Die Sehnsucht nach Liebe und die Angst vor Nähe.
Eine tiefgründige Anleitung zur Überwindung von Bindungsängsten.

Weitere Bücher auf meiner Homepage
www.dr-wolfgang-krueger.de

Bitte melden Sie sich dort für meinen Newsletter an,
wenn ich Sie regelmäßig über interessante Themen und nützliche
Tipps informieren soll.

Bücher von Jesper Juul

5 Grundsteine für die Familie
Wie Erziehung funktioniert

Aus Stiefeltern werden Bonus-Eltern – Chancen und Herausforderungen für Patchwork-Familien

Das Familienhaus –
Wie Große und Kleine gut miteinander auskommen

Elterncoaching – Gelassen erziehen

Die kompetente Familie

Familienberatung
Worauf es ankommt, wie sie gelingt

Kinder sind Geschenke für die Welt
Ein Familienbegleiter für alle Wochen des Jahres

Leitwölfe sein
Liebevolle Führung in der Familie

Mann und Vater sein

Nein aus Liebe

Pubertät – Wenn Erziehung nicht mehr geht

Schulinfarkt

Vom Gehorsam zur Verantwortung

Wo finden Sie Hilfe?

Beratungsstellen von Pro Familia (Mediation)
http://www.profamilia.de/pro-familia.html

Bundesverband Mediation
http://www.bmev.de/mediation/definition-mediation0.html

Trennungs- und Scheidungsberatung / Caritas
https://www.caritas.de/glossare/trennungs-und-scheidungsberatung

Psychotherapie
siehe
http://www.psychotherapeutenkammer.de/

Bitte geben Sie im Internet ein:

Bundeskonferenz für Erziehungsberatung

Oder suchen Sie bitte unter…
http://www.bke.de/virtual/ratsuchende/beratungsstellen.html

Bundeskonferenz für Erziehungsberatung
http://www.bke.de/virtual/ratsuchende/beratungsstellen.html